- 不畏压力，不为利诱；
- 诚信为本，坚守原则；
- 廉洁自律，严格把关，尽职尽责。

财会人员职业道德教育读本

宋春起　杨国明　李荣芳◎编著

CAIKUAIRENYUAN ZHIYEDAODEJIAOYUDUBEN

中国言实出版社

图书在版编目(CIP)数据

财会人员职业道德教育读本/宋春起,杨国明,李荣芳编著.
—北京:中国言实出版社,2012.1
ISBN 978-7-80250-741-8

Ⅰ.①财…
Ⅱ.①宋… ②杨… ③李…
Ⅲ.①会计人员－职业道德－中国
Ⅳ.①F233.2

中国版本图书馆 CIP 数据核字(2011)第 267637 号

出版发行 中国言实出版社
地　址:北京市朝阳区北苑路 180 号加利大厦 5 号楼 105 室
邮　编:100101
电　话:64924716(发行部)　64924735(邮　购)
64924880(总编室)　64914138(四编部)
网　址:www.zgyscbs.cn
E-mail:zgyscbs@263.net

经　销 新华书店
印　刷 北京毅峰迅捷印刷有限公司
版　次 2012 年 3 月第 1 版　2012 年 3 月第 1 次印刷
规　格 710 毫米×1000 毫米　1/16　14.5 印张
字　数 180 千字
定　价 32.00 元　ISBN 978-7-80250-741-8/F·393

PREFACE

前言

恩格斯曾经说过，每个行业都有自己的职业道德。

为政者，就该廉洁奉公，勤政为民；为军者，就该精忠报国，奋战沙场；为师者，就该授道解惑，诲人不倦；为商者，就该诚信第一，童叟无欺。

作为一名财务工作者，又该具备怎样的职业道德呢？

曾经有人这样说过："会计人，因长于计算，所以精深；因职业禀赋，所以公正；因事务繁杂，所以勤勉；因责任重大，所以依赖高贵的灵魂。"这里所说的灵魂，正是我们所说的职业道德。

所谓财务工作者的职业道德，其实也不难理解，无非就是职业品德、职业纪律、专业胜任能力以及职业责任的总称。

怎样才能加强财务人员的职业道德，这是一个老生常谈的问题，虽然众说纷纭，但总结归纳起来，共有以下五大共通之处：

第一，培养爱岗敬业的奉献精神。

爱岗敬业是财务工作者职业道德的核心内容，它要求财务工作者无比地热爱自己的职业，以高度的热忱和尽责的态度去对待所从事的职业，自觉承担起对个人、对他人、对企业以及对社会的责任和义务。

第二，要具备强烈的法律意识。

作为一名财务工作者，不可能不熟悉行规法规，因为财务会计是国家会计法律、法规的具体执行者和维护者，所以一定要以公平公正的态度去对待自己的工作。如果会计不熟悉相关法规，或者明知故犯，铤而走险，那么就会让自己走上一条不归路。

第三，要养成公道正派的高尚品质。

公正客观是财务工作者职业道德的重要规范。对于财务工作者来说，只有站在客观公正的立场上才能在工作中做到实事求是，保证会计资料的真实性、完整性，这是财务人员必须达到的一种境界。

第四，要养成谦虚谨慎的工作作风。

因为财务工作者岗位的特殊性，所以要求财务人员必须要保持谦虚谨慎的态度，不应该有优越感和特殊感。只有尊重领导，以诚相见地对待同事，协调好各部门之间的关系，才能拥有一个最理想的工作环境，让自己在工作中做出更多的成绩。

第五，自觉保守秘密。

因为工作岗位的特殊性，所以财务工作者能够掌握和了解到企业内部大量的机密资料和信息，如果这些信息外泄出去，将会给企业造成巨大的损失。因此，作为一名财务工作者，应该有意识地为企业保守秘密，自觉维护企业的利益。

为了让读者对财务工作者的职业道德规范有一个更加全面清晰的认识，也为了帮助读者早日实现职业道德水平的飞越，我们特意组织专家对财务工作进行了详细深入的调研，并根据第一手资料编撰了本书。

本书案例丰富，论点精辟独到，语言生动活泼，能够让读者轻松地融入到书中，仿佛身临其境般进入财务工作的第一线，了解到通过何种方法才能迅速提升自己的职业道德水平，让自己在未来的工作之中做到、做好。在此希望，每位读者在读过本书后都能够有所收获，有所进步。

目录

Contents

第一章 职业精神：专业精神和职业操守是成功的基石

财务工作，是一项极为枯燥又充满风险的职业，身在其中的从业者，如果不能具备良好的职业精神，就不可能战胜工作中来自方方面面的困难与挑战，也不可能在这漫长而枯燥的工作中始终保持进取之心，做出一番惊人的成就。唯有具备了良好的职业精神，才能对工作投以高度的热忱，尽职尽责把财务工作做好。所以说，职业精神其实就是财务工作者成功的基石。

第二章 树立价值观：要想立业，先要具备正确的价值观

如果一个人没有正确的价值观，那么他就会在人生的道路上迷失；如果一个财会工作人员没有正确的价值观，那么他在职场的发展之路上就会滑向错误的轨道。作为一名财务工作者，就必须净化自己的价值观，不要让自己在错误的价值观指引下，变成企业中的“蛀虫”，最终危害企业也危害社会。所以，对于每一名财会工作人员来说，要想立业，就必须具备正确的价值观。

第三章 爱岗乐业：工作岗位虽然平凡，但工作态度不能平庸

“要么你去驾驭生命，要么生命驾驭你，你的态度决定谁是坐骑，谁是骑师。”在平凡的财会工作当中，我们不能够让自己的工作态度变得平庸，这样才能够很好地驾驭自己的工作，让自己在平凡的工作岗位上做出骄人的成绩。作为一名财会工作者，我们只有做到爱岗敬业才能发挥出自己的最高水平。

第四章 诚实守信：信誉是财务工作者的金字招牌

没有了诚实守信的品质，任何一个人都无法在这个世界上立足，因为诚信就是人与人之间交往的基础。而作为一名财务工作者，我们就更需要诚实守信，因为财会部门一旦失去公信力，将会给企业和社会带来不可估量的影响。而且，对于每一名财务工作者而言，诚实守信就是自己的“金字招牌”，因为这样的人是企业与组织最信得过的财务人员，这样的人能获得更多的发展机会。

第五章 公平公正：让公平公正成为我们的信仰

如果财务工作者没有公平公正精神，那么世界上所有的企业与组织都将覆灭。所以，对于任何一名财务工作者而言，都应该时时刻刻牢记“凡事以公为先，以正为责”这句话，在工作中公正公平，不因为自己手中掌握着财务大权就以权谋私，更不会在工作的时候处处为难别人。只有做事公道，讲求公平，才能够让自己成为一名合格的财务工作者。

第六章 服从领导：视服从为天职的财务工作者最可爱

曾经有人提出这样的问题：什么样的员工最可爱？答案五花八门，最后总结出了一个最为恰当的答案——懂得服从的员工最可爱。服从是每一名员工的天职，有了服从，我们才能更有职业精神，将工作做到至善至美。对于财务工作者来讲亦是如此，工作中除了会“服从”，也要切记不能“盲从”——财务工作者在懂得服从领导安排之时，更应该坚持原则，不违法乱纪，做一个懂得服从领导的优秀财务工作者。

第七章 强化服务：优质的服务是回报率最高的投资

做好服务，这也是每一名财务工作者都应该具备的职业意识，因为财务工作本身也是一种服务工作。这就要求财务工作者在工作的过程中，树立起“全心全意为大家服务”的思想，在接待服务对象的时候要热情，懂得为他人着想，从而让自己的工作开展得更为顺利，并最终为自己的发展带来更多的好评，使得自己在一片赞誉声中登上更大的职业舞台。

第八章 尽职尽责：多一份责任，多一分完美

财会行业，承担着规划、审核、监督的重要责任，在社会上很多人眼里甚至是一个很有公信力的行业。当你选择财会这个行业的时候，你就应该做好承担起责任的准备；当你第一天正式成为一名财会人员的时候，你的肩上已经担负了沉甸甸的责任。它是你的义务，更是光荣的使命。每个财会人员都应该把这种强烈的责任心投入到工作中，做到尽善尽美，只有如此才能够成为行业中的优秀一员。

第九章 严肃认真：严谨的态度让工作滴水不漏

不论是管理着无数人生命财产的总统，还是一个拿着扫把默默地清理着大街的环卫工作人员，大家都必须拥有严谨的工作态度。因为，严谨的工作态度是将工作做到位、认真履行自身职责的重要保证。而财会人员在工作中，每天都要和复杂的账目、报表和计划书打交道，对数据的精准程度要求很高，稍微一个不小心，就容易造成意想不到的错误和损失。这就要求财会人

员用更加严肃认真的态度去对待每项任务、每份单据，确保工作滴水不漏，这样才会成为一个让大家信得过的财会人员。

第十章 廉洁自律：廉洁是立身之本，自律是成功之门

廉洁自律，这应该是每一名财务工作者都具备的职业道德——要正确认识到我们手中的财务管理权是一种不容侵犯的权力。对每一名财务工作者而言，自己的权力越大就说明责任越大，决不能把所掌握的权力变作谋取私利的特权，无论我们每一个人有什么特殊要求，决不能利用职务之便侵吞集体财产，保持清醒的头脑，决不以任何形式，用权力去为自己或他人谋私，也不被他人利用去谋私，做到一尘不染。所以说，廉洁是立身之本，自律是成功之门。

第十一章 虚心学习：放低姿态，不断学习才能长足进步

俗话说“虚心使人进步，骄傲让人落后。”财务工作者在进行工作时，要拥有虚心学习的工作态度，通过不断的努力学习，弥补自己的不足，将自己变得更加完善，让自己胜任这份工作，将工作做到极致。所以，每一名财务工作者要清楚地认识到：只有不断学习，才能让自己长足进步，让自己成为一名优秀的财务工作者。

第十二章 协作精神：只有完美的团队，没有完美的个人

“只有完美的团队,没有完美的个人”,每一名财务工作者都必须意识到这一点,并在工作的过程中跟随团队的脚步,相互协作,只有这样,才能将工作做好做精。要知道,任何企图靠个人的能力在财务工作中创造奇迹的愿望,都是不可能实现的。身为一名财务工作者,我们不能忽视团队的力量,更不能做孤胆英雄,否则,我们不可能成为一名优秀的团队型财务工作者。

第十三章 高效执行：完美的行动力成就卓越的工作

潜能开发大师陈安之老师曾经说过:促使一个人失败的最大原因就是不能立即行动和执行不到位。对于财务工作者来讲,执行力在工作中同样起着举足轻重的作用——只有完美的行动力,才能带来完美的工作。财务工作者在工作的过程中,一定要记住“不为拖延找借口”,做到“今日事今日毕”,让时间在你的手中挥洒自如,由此一来,你的财务工作才能达到完美。

第十四章 个人素养：提升工作，从提升自我开始

个人素养决定着一个人工作的成败，每一名财务工作人员都要意识到这一点，在工作中不断提升自己的素养，让自己的每一项工作任务都完成得非常出色——即使是工作中的一个小数字，也不要疏忽，严把财务工作中的每一关，不断积极地去提升自己的能力，用踏踏实实的态度去做事，遵守财务人员职业道德规范，这样才能成为一名成功的财务人员。

第十五章 财务管理：做企业财务安全的忠诚卫士

管理，不仅仅是领导的事情，很多时候还与财会人员息息相关，因为财会人员最明白企业与组织的实际发展情况。所以，每一名财务工作者，就应该积极参与相关的管理工作，积极为领导提供有价值的建议和参考信息，并且充分发挥财会工作者的管理职能，从而让自己成为企业财务安全的忠诚卫士。

附 录

第一章　职业精神：专业精神和职业操守是成功的基石

财务工作，是一项极为枯燥又充满风险的职业，身在其中的从业者，如果不能具备良好的职业精神，就不可能战胜工作中来自方方面面的困难与挑战，也不可能在这漫长而枯燥的工作中始终保持进取之心，做出一番惊人的成就。唯有具备了良好的职业精神，才能对工作投以高度的热忱，尽职尽责把财务工作做好。所以说，职业精神其实就是财务工作者成功的基石。

1

职业精神就是你的核心品牌

你是否热爱你的工作？你是否在工作中有时候会懈怠，喜欢偷懒，或者习惯于敷衍应付，逃避责任？当你具有以上一种或几种特征，也就同时说明了一件事——你还不具备良好的职业精神。

我们生活在一个充满压力、竞争不断的社会里，这个社会奉行着“优胜劣汰”的生存法则，想要在这样的社会中生存下去，或者是从中脱颖而出，就必须要具备良好的职业精神。良好的职业精神，对于职场中人，特别是对于财务工作者来说，是强有力的竞争武器，也是最核心的竞争品牌。

现在财务会计的专业越来越热门，每年高考都会有很多学子在志愿栏上填上这几个字，希望有朝一日能走上财务工作的岗位。可是，学会计的人越来越多，社会上优秀的会计却越来越少，大多数人都只能成为普普通通的会计。

为什么做一名优秀的会计那么难，是能力不够，还是经验不足？其实两者都不是，普通会计和优秀会计的差别往往只在于——是否具有良好的职业精神。老一辈的会计都对工作有着高度的责任感，对企业有着强烈的使命感，他们更在意的是工作上的表现，而不是所得金钱的多少。但现在有很多会计找工作，一张口就是待遇如何如何，还没工作就和公司要这要那。而争取到了丰厚的待遇后，对于工作又不够上心，总是随意应付。试问，哪一家企业会为这样的会计开出高薪呢？

1998年，付成荣从北京一所名牌大学毕业。他在大学里修

的专业是财务会计学，所以毕业后他的志向就是成为一名优秀的注册会计师。走出校门的那一天，他曾站在北三环健翔桥上对着天空立下自己的誓言——我要成功，我要用双手去实践自己的梦想！

刚毕业不久，付成荣就找到了一份不错的工作，虽然对方不是大公司，但给出的待遇却相当丰厚。可是，付成荣的梦想是成为一名优秀的注册会计师，所以他并没有把这份工作放在心上——他一直想着去普华永道、德勤那样的著名事务所工作，这份工作不过是他的一个跳板而已。因为在工作中抱着这样的心态，所以他自然而然也就没有那么上心，每月的财务报表都只是应付交差而已，根本没用心思去好好做。

因为工作上长期以来的消极懈怠，付成荣的工作做得非常差，做出来的报表有一堆的毛病。公司本来念在他是新人，给了他很多改过的机会，但这一年来付成荣却没有丝毫的进步。一年过去了，付成荣等来的不是升职，而是公司发来的一纸解聘书。

从这家企业离开时，付成荣心中十分的不满，他认为是对方不懂得赏识人才，一心想做出样子来让他们后悔。此后，他相继换了五六家企业，最多的一家干了一年半，最少的一家只做了三个月。不是他自己想换工作，每次都是因为工作态度消极被对方解聘。再到后来，付成荣已经很难找到会计的工作了——毕竟，没有一家企业敢要一个如此频繁更换工作的财务会计。

梦想虽然很美好，但现实却非常的残酷。10 多年后，当付成荣再次站到健翔桥上仰望天空的时候，却发现离当初的梦想竟然是那样的遥远。现在的他，不是什么著名的会计师，甚至不是一名普通的会计……

回想过往，付成荣一直都想不明白，是什么让自己竟然落到了如此田地。

付成荣想不明白的事情，也许我们可以帮他解答。他之所以没有成为优秀的会计，让自己与梦想渐行渐远，一切只是因为缺乏职业精神。本来以他的能力，只要对工作上心一点，就能有突出的表现，但缺乏职业精神的他并没有做到这些，这直接导致了他工作上的悲剧。

职业精神，看似虚无缥缈的东西，却是一名财务工作者的核心品牌。有了良好的职业精神，就能够专注于工作，对这个岗位产生更多的责任心，由此把手中的工作做到最好。显然，每一个企业都需要这样的员工，青睐这样的员工。反之，如果没有良好的职业精神，工作上总是敷衍应付，没有责任感，即使能力再好，经验再丰富，也永远都不能成为优秀的会计。

具有了职业精神，你便能够将工作做到最好。只有为工作尽心尽力，尽职尽责，并且敢于承担责任，才能够赢得周围人的认可、信任、接纳、尊重，让周围的人认可你，让领导和同事接纳你。

2

职业精神比才华更可贵

对于一名财务工作者来说，一种良好的职业精神，往往比出众的才华更加可贵。因为，完美出色的工作，更多是建立在严谨的工作态度之上。

伟大领袖毛主席说过，人，总是需要一点精神的。对于财务工作者来说，需要的就是一种职业精神来引导自己的工作。

财务工作是个极为枯燥而又充满风险的职业，说它枯燥，是因为一辈子都要面对着财务报表；说它充满风险，是因为这个工作和金钱有关，一旦从业者意志动摇，不小心就会跌进金钱编织的圈套中。在每一名财务工作者的职业生涯中，如果他不能自始至终地具备职业精神，很容易就会被枯燥的工作所打倒，或者受到诱惑而不能自拔。无论遇到哪种情况，都不可能成为一个出色的财务工作者。

良好的职业精神对一个财务工作者的帮助要远远大于自身所拥有的

才华,只有对工作报以良好的职业精神,以一种尽职尽责的态度去面对自己的工作,才能更好地展现出自己的使命感、责任感、团队合作态度、敬业精神和良好的职业道德。具备了职业精神的财务工作者,工作主动性将大大提高,随之而来的工作成绩也会更加出色。

李馨曾是北京某高校的毕业生,曾经就读于财务会计专业。毕业后,学习成绩优异的她,被老师和同学们认为将成为一名优秀的财务会计,她的职业前途将是一片光明。

李馨自己也是这么认为的,她坚信自己能在财务工作的岗位上做出一番成绩,因为她确实是才华横溢、能力过人。

然而,没有想到的是,一晃十年过去了,李馨却没有实现她当年的理想,现在的她,不过是在一家小公司里做着普通财务会计的工作。曾经的理想,离她是那么的遥远。

李馨自己也想不通这个问题,为什么自己能力出色,却只能找到如此平平凡凡的工作岗位呢?有一次和同学聚会时,她终于找到了这个问题的答案。那位同学是她当年大学的同学,学的也是财务会计的专业。在学校的时候,她的表现远远没有李馨出色,甚至一度被人认为不适合做这个工作。然而,现在那位朋友已经在某国企大公司坐上了财务主管的位置,职业生涯一片光明。

为了解答心中的疑惑,李馨特意向老同学请教,结果那位同学直言不讳地说道:"我之所以能取得今天这样的成就,全是因为具有了职业精神。因为有了这种精神,我才能克服工作中的种种困难,并且长期坚持学习进步,一心扑在工作上,才取得了今天这样的成就。"

听了老同学的一席话,李馨豁然开朗,回想自己这些年对于工作懈怠消极的态度,她终于知道为什么自己一直都没有什么成绩了。

职业精神比才华更加难能可贵,就比如李馨,虽然能力出色,但因为对工作的消极应付,所以一直没有充分地展示自己的才华,所以才不被公司重视,成为了一名默默无闻的会计。而她的同学,因为具有了职业精神,所以能够在工作中始终抱着高度的热忱,由此把工作做得越来越好,从之前被人看扁，到现在实现工作上的飞跃。

职业精神，不仅仅是在财务工作的领域，在世界上任何一个行业之中，都是取得成功所必不可少的关键因素。因为具备职业精神，所以才会更加专注于工作；也因为具备职业精神，所以才会对工作产生更多的责任感，把工作做得尽善尽美。

职业精神，所表达出来的是一种对于工作、对于社会的态度，其中蕴藏着高度的责任感、使命感以及团队合作的精神。一个财务工作者只有具备了职业精神，才能把工作做得更好。如果仅仅有一些才华，而不具备职业精神，那么就无法把自己的能力展现在工作之中。

总而言之一句话：能否成为一名优秀的财务工作者，个人的才华虽然是个很重要的因素，但比之更强大的因素无疑是一种良好的职业精神。

3

说实话办实事，做个正直高尚的人

一个人最宝贵的品质是什么？美国心理学家安德森对此曾经进行过一个试验。他做了一张表，然后在上面列出550个描写人的品性的形容词，之后让大学生们选出他们所喜欢的品质。

最终试验的结果表明，大学生评价最高的品质不是别的，正是“诚实”。在八个评价最高的形容词中，竟然有六个（真诚的、诚实的、忠实的、真实的、信得过的和可靠的）都和诚实有关，而在其中评价最低的，就是说谎、作假和不老实，同样与诚实有关。安德森的这个研究结果具有现实意义。

诚实，对于任何一名从业者来说，都是取得成功所不可缺少的宝贵品质。而在财务工作者的优良品质中，诚实同样可以说是最重要的。因为

有了诚实,才能说实话办实事,不弄虚作假,确保企业账目的真实性。

有人也许会说,在这样一个物欲横流的社会里,诚实还有什么存在的意义吗?回答很简单,当然,越是在这样残酷的环境中,越是能够显现诚实无与伦比的重要性。

看看那些锒铛入狱的财务工作者们,看看那些找工作四处碰壁而无人敢要的财务工作者们,他们遭遇如此困境的原因,就是因为没有将诚信带到工作之中。为了名利,他们欺上瞒下、做假账、吃黑钱,将职业道德丢到了九霄云外,结果,一朝东窗事发,他们才意识到这种行为是多么的愚蠢,本来美好光明的前途,被他们亲手毁掉。

吴景涛本来是一名优秀的财务会计,离开家乡后他就在一家大公司找到了工作,经过几年的磨炼,他成为了公司中数一数二的会计。领导器重他,同事信任他,看上去他的前途十分光明美好。

然而,在工作中取得了一些成绩,也让吴景涛变得有些飘飘然起来。他渐渐觉得,自己所领的这份工资已经和个人能力水平严重不符,于是几次向公司要求加薪。起初,领导看在他能力突出的份上,给他加了两次工资,但这却没有让吴景涛感到满足,他反而变本加厉地和公司要这要那。领导看他提出的要求太离谱,干脆不去理他,告诉他不想干可以直接走人。

吴景涛没有选择离开公司,他选择了另外一种方式来帮自己"创造收入",那就是做假账。利用职务之便,吴景涛故意在做账目的时候少做一些,然后把这些收到自己的腰包中。除此之外,他还把公司的款项拿去炒股炒外汇。

2006 年是中国证券市场异常繁荣的一年,吴景涛因为投资股票赚了不少钱,而且因为及时还款,也没有在工作中露出马脚。眼见着股市一路飘红,想赚到更多钱的吴景涛又加大了投入,希望能多从这波牛市中捞点油水。2007 年,中国股市依然是大牛市,吴景涛没少从中赚钱。可转眼到了 2008 年之后,国际经济形势急转而下,证券市场也陷入低潮之中。吴景涛因为贪心没有及时收手,被牢牢套在了股市之中,此刻的他根本输不起,因为他挪用了很多公司的财产。

无奈，股市形势一天天变衰，根本没有回升的希望。一番思想斗争后，吴景涛终于决定忍痛退市，而此时他不仅把前几年赚的钱都赔了进去，而且还欠了公司一大笔钱。他本想自己再去投资，争取把这笔钱赚回来，可惜为时已晚。没过多久，公司领导发现账目不对，派专人去彻查账务，结果发现了吴景涛的所做所为。

吴景涛本来拥有一个美好的前程，但他并没有把诚实带到自己的工作之中，而是瞒着公司搞鬼，结果给公司带来了严重的损失。现在的吴景涛，已经没有机会去改正和弥补自己所犯下的错误了，他唯一能做的，就是在监狱的铁窗里默默啜泣，后悔当年的愚蠢行为。

一名财务工作者想要在工作中获得成功，最宝贵的品质无疑就是诚实诚信，恪守自己的职业道德。只有做一个正直诚信的人，才能做好财务工作，确保自己不会在工作中犯下低级错误。诚实会给财务工作者带来很多好处，如友谊、信任、钦佩和尊重。看看那些在财务工作岗位上取得了成功的人，无一不具备这种宝贵的品质。

说实话办实事的财务工作者，能够为自己赢得良好的声誉，这样的人受到很多公司的青睐。而反观那些没有诚信的财务工作者，因为爱说谎、没诚信，所以得不到别人的信任，无论他们的个人能力有多强，都很难找到一份好工作，因为用人单位不知道他们什么时候会坑害自己。

实实在在、正直诚信，这是做人最基本的要求，同时也是做一名合格的财务会计必备的素质。一个人正直的品格其实并不体现在多少特殊的举动，品格如水，流淌在他的日常行为里。只要以诚实的态度去面对自己的工作，凡事都诚诚恳恳地去做，就能在财务工作的岗位上越做越好。

4

良好的职业精神让你获得幸运女神的青睐

无论从事何种职业，职业精神都是让人快速取得成功的最有力武器。只有具备了职业精神，才能在工作中保持高亢的热情，才能在面对接踵而来的工作压力时不断地取得进步和提高。

对于一名财务工作者来说，要想立业，先要拥有良好的职业精神。有人也许会说，只是一份工作而已，何必要扯上什么职业精神。这种想法是错误的。财务工作是一个非常枯燥繁重的工作，要长期面对厚厚的财务报表，要每时每刻都去认真细致地分析计算，还要保证工作中不犯下任何错误。显然，如果不具备职业精神，不去打心里热爱这份工作，是不可能把这份工作做到尽善尽美的。

有很多的财务工作者，每天虽然按时上班，按部就班地工作，但是他们缺少职业精神，也因此缺少了对工作的热情。上班对于他们来说是一种莫大的煎熬，每天上班就盼着早点下班，下班还是盼着明天晚点上班，试想，有这样的心理，又怎么能够把工作做好呢？

有些人总是抱怨没有机会，总是觉得自己的才华被埋没，但如果工作中没有突出的表现，就不可能获得幸运女神的青睐，不可能为自己谋得发展的机遇。

看看那些成功的财务工作者们，他们之所以拥有很好的发展机遇，是因为他们一直拥有良好的职业精神，一直都能够以专注尽责的态度去面对自己的工作，所以最终才获得了幸运女神的青睐，并由此一步步走向成功。

胡松燕是个貌不惊人的农村女孩，高中报考志愿时，她糊里糊涂地在志愿栏上填了“财务会计专业”，从那之后她就和财务工作结下了不解之缘。

大学时期，胡松燕学习十分努力，是学校里的尖子生，奖状奖金拿到手软，被老师和同学一致看好。然而，毕业后来到公司工作，胡松燕才发现自己所学的财会知识根本就没什么大用，这些都只是书本上的知识，要想成为一名出色的会计，就必须一点一滴从头学起。

都说农村的孩子能吃苦，这话一点都不假。胡松燕走上了财会的工作岗位，对工作投入了极大的热情，她白天努力在公司工作，处理报表一丝不苟，绝对不允许自己出错。晚上回到家之后，她又翻起了专业书籍，孜孜不倦地学习财会方面的知识。来公司的每一天，胡松燕的水平都在不断地提高，渐渐地她已经适应了这份工作，成为公司中的骨干员工。

胡松燕所在的公司并不是很大，只有几名财务人员，在这些人中，虽然胡松燕的能力不是最出色的，经验不是最丰富的，但是她却是其中最敬业的。长她 20 多岁的范姐，来到这家公司工作已经 20 多年了，就连她也深深被这个农村姑娘的职业精神所折服。她逢人就爱说："我们这边来了个工作狂人，比我年轻的时候还要拼，还要干劲十足，真是让我们这些老人汗颜。"

胡松燕的职业精神不仅让同事钦佩，就连领导也渐渐地有所听闻，开始慢慢观察考核她，准备提拔她做下一任的财务主管。胡松燕没有让领导失望，来到这家公司七年，她没有一天松懈消极过，总是对工作满怀热情、尽职尽责，她做的报表，没有出现过一次错误，是所有财务人员的楷模。而她，也因为自己良好的职业精神受到了幸运女神的青睐，成功当选为公司新一任的财务主管。

胡松燕本来只是个貌不惊人、能力一般的普通农村女孩，但她身上所拥有的职业精神却让她变得不再一般。她对工作的敬业，对岗位的尽职尽责，都让她变得是那样的与众不同。

我们每名财务工作者的能力都有大有小，但我们都可以拥有同样的职业精神，并用这种精神来指导我们的工作。卓越的人和平庸的人最大的区别，也许就是是否拥有一种良好的职业精神。因为有职业精神，所以才工作高效，所以才能在岗位上做出更多的成绩。

幸运女神并不会平白无故对你投以关注的目光，只有你拥有良好的职业精神，才能充分地表现自己，让自己赢得幸运女神的青睐。

5

做一名经得起考验的财务工作者

财务工作是一个充满压力与诱惑的工作，如果从业者没有强大的定力，就很难经受住各种各样的考验，容易失去自己的职业操守，在工作中做出违背职业道德的事情。而这样的财务工作者，往往不会有什么大的作为。

有个关于财务工作的故事流传已久：一家公司在招聘财务会计的时候向应聘者们提出了这样一个问题——"1＋1＝？"大多数应聘者都如实说出了答案，但最后他们都没有被录取。一名应聘者目睹此景，急中生智地说道："你想得几就得几。"结果，这个人被公司录取了。

这个故事充分暴露了现在财务工作者所面临的窘境——有一些公司，有一些领导，他们乐于看到财务工作者背叛自己的职业信仰，帮助他们做假账，做黑账，同流合污。如果有人不符合这个标准，那么就没有机会找到工作，或者在公司中受到排挤和冷遇。

每一个职业都有自己的职业操守和准则，财务工作同样也不例外，而且财务工作者的职业操守显得更加重要。一个意志不坚定，思想容易动摇的人，当面临外界诱惑的时候，轻易就会妥协。而这样做的结果是什么？就是丧失自己的职业道德，失去了赖以生存的诚信资本，自然而然也就失去了在企业中的立身之本。

王海和马全龙同在一家公司工作，两个人私下里关系很好。马全龙来到这家公司已经五年多了，深谙人情世故，做人也很圆滑。而王海刚刚毕业没多久,有着极强的责任感和正义感。

因为初涉财务工作这个领域,所以王海做起事来一丝不苟,一点都不打马虎眼。平时,无论是领导还是上司,来找他报销东西都要有凭据,如果是不能报销的费用,他就会把脸一板,坚决不给对方报销。

看到这个小伙子这么耿直,马全龙就想起了当初的自己,以及自己因为过于耿直而遭受冷遇的经历。为了不让王海在工作中碰钉子,重蹈自己当年的覆辙,他就在私下里传授王海做会计的"经验",他经常对王海说:"你做人不要那么直,要学会妥协,要不然早晚会吃到苦头的。"

王海知道马全龙这么说也是为了自己好,但他无论如何也接受不了和他一样没有原则地去工作。每次马全龙劝他,王海都会这样说:"不错,我不给领导报销是会得罪他们,但这是原则问题,如果我触犯了原则,最终受到损害的还是公司的利益。"

看到王海这么固执,马全龙也没有什么办法,只能由他去做。因为工作中不徇私情,所以王海很不受领导的喜欢,在公司中一直都受到排挤,做了两年多也还拿着和新手一样的工资。虽然如此,王海却丝毫没有改变的意思,因为他知道这么做是正确的,也知道只有这么做才对得起公司,对得起自己的良心。

过了没多久,公司里原来主管财务的领导被调走,又来了一位新的领导。马全龙这次又找到了王海,对他说要抓住这个机会,力争在新领导面前好好表现自己。王海知道他说的什么意思,但只是装傻说道:"我肯定会好好表现的,工作一点都不会松懈。"马全龙知道王海还在固执己见,只能摇摇头长叹了一口气。

有一天,新领导拿了一堆发票找王海来报销,王海一看,这都是在外面吃饭给的发票,而领导又拿不出什么正当的理由来,于是便没有批准。领导看上去很生气的样子,气冲冲地坚持要他给报销。可是王海怎么都不肯。领导看他如此坚持,只能无奈地走了。

下午,领导又来了,还是为报销的事而来。当时王海有事出去了,正好马成龙在值班。马成龙一心想在新领导面前好好表现,于是连问都不问一下,把这堆发票全部都报销了。他满心欢喜地认为,自己这么配合领导的工作,以后一定可以受到重用。

然而,令他万万没有想到的是,几天后公司发布了一条人事任免公告,一向工作认真、铁面无私的王海,这次终于被提拔重用。而处事圆滑的马成龙,则被调到了公司的库房工作。马成龙永远都忘不了领导临别时和他说的那句话——"之前我拿发票找你们报销只是为了试探你们而已,能经得起考验的员工,才是我要器重的员工。没有原则,只会讨好领导的员工,不能在我的手下工作。"

做一名经得起考验的财务工作者,不仅对得起自己的良心,对得起自己所工作的公司,更能够赢得领导和同事的信任与尊重,成为公司可以信赖的栋梁之材。而一名没有职业道德的财务工作者,哪家公司都不敢要,因为把这样的人留在公司里,就相当于是埋下了一枚定时炸弹。

坚守信仰对于一名财务工作者来说并不容易,因为这会面临方方面面的压力,一不小心就会得罪人。然而,要想成为一名优秀的财务工作者,成为一名被领导器重的财务工作者,在自己的岗位上做出更多更好的成绩,就要有坚定的意志,威武而不屈,富贵而不淫,坚守住自己的职业操守。如果能做到这一点,那么早晚都会被人认可、尊重,成为一名值得信赖的优秀财务工作者。

反观那些失去了职业操守,制造了各种假账的财务工作者,虽然一时在工作上顺风顺水,平步青云,但却始终活在担惊受怕之中,时刻都担心自己的黑幕被人揭穿。而一旦真的被人发现,那么今后也就很难在这个行业中继续生存下去。

作为一名从事财务工作的人来说,只有经得起来自领导、来自名利的考验,才能化蛹成蝶,实现职业上的升华,在自己的岗位上做出更多的成就。

第二章　树立价值观：要想立业，先要具备正确的价值观

如果一个人没有正确的价值观，那么他就会在人生的道路上迷失；如果一个财会工作人员没有正确的价值观，那么他在职场的发展之路上就会滑向错误的轨道。作为一名财务工作者，就必须净化自己的价值观，不要让自己在错误的价值观指引下，变成企业中的“蛀虫”，最终危害企业也危害社会。所以，对于每一名财会工作人员来说，要想立业，就必须具备正确的价值观。

1

核心价值观是员工第一核心竞争力

华为集团总裁任正非说:“核心价值观就是适合全体员工的一道菜,一个企业只能有一个核心价值观,以此来统一企业的文化与管理。它应该是公司员工共同认同的规范与尺度。一个企业可持续成长的关键在于企业具备可持续发展的实力源泉和动力机制,这就是核心价值观。”

可以说,这个世界上没有任何一个人不想得到晋升与加薪的机会。但是,我们要想获得这样的机会,就必须树立自己的核心价值观,因为核心价值观能够赋予我们足够的工作动力,让我们在工作岗位上表现得足够出色。

实际上,作为一名财务工作者,我们更应该树立自己的核心价值观,并让自己的核心价值观与公司的核心价值观相互融合,从而让自己与公司完美融合,成为公司中最优秀的财务人员。

此外,一名财务工作者拥有正确的核心价值观,也能够让他在工作中做得更好,成为公司同类岗位上最有竞争力和发展潜力的员工。因为,核心价值观就是员工的第一核心竞争力。

那么,对于一名财务工作者而言,他在工作的过程中,应该怎样树立自己的核心价值观呢?

(1)要树立自己的核心价值观,首先就必须明白价值观的作用。

我们作为一名财务工作者,就一定要明白什么是价值观——价值观是人们关于事物价值的看法、观念和根本观点,是潜在的信念。那么,价值观的作用又是什么呢?答案是,价值观是我们在日常工作中所有行动

的出发点，也是我们做出判断和行动的依据。

我们身为一名财务工作者，就应该树立一切为了企业、公正廉洁且遵法守法的核心价值观。也就是说，我们在做每一件事情的时候，都应该积极地从企业利益的角度去思考与行动，同时遵守财务工作者的职业道德和国家法律，绝不做出危害企业和社会的行为。

（2）要树立自己的核心价值观，就应该正视自己的职责。

世界著名财务专家昂赛尔木说过："只要你站在了财会这个行业之中，那么你就应该明白自己接到了上帝多么重要的委托，不是要我们每一个人都成为神的使者，而是要我们知道自己该怎么去处理账单，该如何做才能够让所有的一切都完美运行，清楚认真地履行自己的职责。"

诚如昂赛尔木所言，财务工作者的核心价值观就是要对自己的职业负责。正因为如此，我们就应该正视自己的职责。作为一名企业财务工作者，就是应该确保企业财务安全，让自己成为企业资金链的"守护神"。

（3）要树立自己的核心价值观，就应该遵守职业道德要求。

和所有职业一样，财务人员也有职业道德要求。所谓职业道德，即是与人们的职业活动紧密联系的符合职业特点所要求的道德准则、道德情操与道德品质的总和。对于每一名财务工作者而言，遵守职业道德要求，一定要尽自己最大的努力去工作，做好自己责任内的一切工作。简单的说，就是要对得起自己拿的薪水，做一名值得企业信任的财务工作者。

2 恪守商业秘密，不要让诱惑毁掉自己

如果你是一个不能恪守公司商业秘密的人，那么你会得到公司的信任吗？

如果你是一个不能恪守公司商业秘密的人，那么你会得到同事的信赖吗？

如果你是一个不能恪守公司商业秘密的人，那么你会得到幸运女神的青睐吗？

……

对于此类问题，都有着一个统一的答案——“如果你是一个不能恪守公司商业秘密的人，那么你根本不可能在职场上获得成功，成为一个优秀的员工。”同理，如果你是一个不能恪守公司商业秘密的财会人员，那么你根本不能成为一个优秀的财务人员。

张超逸和侯建乐是一对铁哥们，他们在中南财经大学一起度过了四年的美好时光——张超逸睡上铺，侯建乐睡下铺，这对上下铺的兄弟在大学中建立了深厚的同窗情谊。

大学毕业后，张超逸进入了一家计算机公司的财务部做会计，而侯建乐也进入了一家与计算机行业相关的电子公司的财务部做会计。

两年之后，两人都成为各自公司中的部门财务经理。更巧合的是，两家公司都在同时开发一种很有应用前景的电脑软件，而且都是各自最大的竞争对手。就在这个时候，侯建乐为了能够当上公司财务总监，便想出了一个损招。

一个春天的下午，侯建乐给张超逸打电话，邀请他去某公园打球。接到侯建乐的电话后，张超逸非常高兴，因为最近大家都忙得有好几个月没有出来聚聚了，这会儿一起去打球岂不是很好。于是，张超逸便穿上运动衣赶去了。

两个人整整打了一下午球。打完球之后，侯建乐又邀请张超逸去喝酒K歌。毫无防备之心的张超逸根本没有多想，一口便应承了下来。

中国有句老话说：“酒是一副药，喝了跑不掉。”当张超逸在酒桌上喝得起劲的时候，侯建乐趁机从包里掏出了5万块钱，他让张超逸透露他们公司研发经费的花费情况。因为，知道对手公司的研发经费花费情况，基本上就可以判断出对方的软件研发进度了。

面对金钱的诱惑，张超逸不知道是酒精的作用还是其他原因，只眨了几下眼睛便说出了这一商业秘密……

不出所料，张超逸的公司在这款软件快要研发出来之际，侯建乐所在的公司提前将研发出的软件向市场发布。结果是，张超逸的公司投入的巨额研发经费只收获了很小的一部分市场，因为侯建乐所在的公司已捷足先登。后来，张超逸泄露公司商业机密的事情传了出去，就为了5万块钱的他不但丢了自己的大好前程还被起诉上了法庭……

从张超逸和侯建乐的案例中我们可以看出：作为一名财会人员，守不住公司的商业机密，不但会丢失自己的饭碗与前途，更会让自己身陷囹圄。

不论是在哪个行业、哪个公司，最为忌讳的都是“身在曹营心在汉”、“吃着张家的饭干着李家的活”。在一个公司中，很多的信息都是具有商业价值的，这就必须严格去恪守。而作为财务工作者的我们，更是比一般的职员知道更多的商业机密。所以，一个成熟的优秀的财务工作者，做得最好的一点就是：不该自己知道的，绝对不会去打听；不该自己说出去的，就要守口如瓶。因为，如果泄露了商业机密，不但会给公司带来不可预料的损失，还会给自己带来很多不利的影响。

李建新在北京的一家大公司的财务部供职，职位是财务副总监。李建新才华出众，拥有很强的业务能力。所以，现任的财务总监一直将他当做自己的接班人培养，很多的重要工作都交给他去做。而在李建新看来，只要自己继续努力下去，就能够成功地由接班人变成真正的财务总监。

2011年4月16日，李建新刚从澳门出差回到北京。一下飞机，就接到一位港商的邀请，邀请他去参加一个宴会。

宴会结束后，港商送给了李建新一个很流行的iphone4苹果手机。回家后，李建新打开那个手机，发现手机屏幕上写着这样一段话：“最近我正在和你们公司谈一个合作项目，如果你能够将你们公司的谈判底价报给我，我将直接支付你一张30万元的支票。”

就在李建新看着手机屏幕上的字发呆的时候，茶几上的电话发出了刺耳的振铃声——是那位港商打来的。李建新犹豫了好几秒之后,还是拿起了听筒。

“我知道你的意思,虽然咱们关系都不错,可是我怎么能够给你泄露公司的机密呢?”李建新拿起电话后直接这样说。

“小李,你听我说,咱们俩都这么熟了,谁也不会坑了谁,你就对我一万个放心吧。再说了,这事儿,只要我不说,你不说,天下不会有第三个人知道的!”

“这么说的话……”李建新的语气开始犹豫起来。

“不要犹豫了,你现在打开那个 iphone4 苹果手机的包装盒,里面还有一张支票,你肯定没有看到这张支票,是手机太吸引人了吧。钱可是个好东西啊,你喜欢的手机、房子、车子它都能满足你……”

“好吧,我答应你,但是绝对不能让第三个人知道。”李建新说道。

……

在谈判中,李建新的公司损失很大。事后,公司查明真相,直接辞退了他。而且,对于李建新来说,不但赔了夫人还折了兵——本可大展宏图的他因此不但失去了工作,就连那 30 万元也被公司作为赔偿金追回。

一个不能够恪守商业机密的人,绝对是企业最大的“蛀虫”。所以,我们作为一名财务工作者,就是要恪守商业机密,因为这也表明:我们是忠于职业操守的财务工作者,是忠于企业的好员工。

更值得我们注意的是,恪守商业机密也是对自己最大的负责,因为泄露商业机密很有可能让我们遭受牢狱之灾。《注册会计师法》第十九条规定:“注册会计师对执业业务中知悉的商业秘密,负有保密义务。”《会计基础工作规范》第十三条规定:“会计人员应当保守本单位的商业秘密。除法律规定和单位领导人同意外,不能私自向外界提供或者泄露单位的会计信息。”因此,财务工作者不仅要做到不在工作岗位以外的场所谈论、评价企业的经营状况和财务数据,而且还不能以任何借口和形式向其他单位或个人提供单位内部的会计数据和相关资料。

所以,作为一名财务工作者,我们千万不能忘记自己的角色——我们需要为企业争取利益，而不是为自己争取利益，不管自己面对多么大的诱惑，都不能做出背叛公司的事情。我们时刻都应该坚守这样的信条：恪守企业的商业机密，决不让自己的良心堕落！

3

知道为什么而工作，绝对不敷衍工作

我们究竟为什么而工作？工作对每个人的意义各不相同，有些人觉得工作是我们赖以生存的职业，我们用劳动换来薪酬，养家糊口；有人说工作就是每天不得不完成的任务，是我们的责任，所以在上班时间做好自己分内之事就好；也有的人把工作当成完善自己、提升自己的机会，每一个工作任务都是极好的历练。正因为每个人对自己工作意义的理解不一，所以，在工作中，我们会发现有的人对工作敷衍、厌烦，有的人只是完成工作但从不讲究质量，也有的人对工作充满热情，尽力把工作做到完美。

作为一名财会人员，日常的工作就是和数字、报表打交道，每天重复记账、复核和报账的程序。繁琐的工作很容易让人产生疲惫和枯燥的感觉。说实话，财会工作确实算不上待遇优厚、薪酬高的热门职业，但财会人员却要担负起企业或单位"管家"的职责。财会工作的重要性与其薪酬相比较，显得很不协调，因此，财会工作是一份值得让人尊重和钦佩的职业。但是，我们也发现，有些财会人员没有体会到这份职业的荣誉感，在工作中敷衍了事、得过且过，为企业和自己带来的后果十分严重。

严林是刚从财会学校毕业不久的大学生。严林在校时并不算是班级里的佼佼者，但是各行各业离不开财会工作，所以毕业后的严林很快就应聘到一家企业的财务部门上班。刚上班的严林对自己的新环境和新工作都感觉到十分新鲜。刚进单位的时候，领导派他跟着单位里经验丰富的老会计先学习一段时间，目的是让他尽快熟悉工作，快速成长起来，早日担负起单位里的财会工作。在这期间严林的主要工作就是帮助同事整理各种账目，做些简单的报表。

严林觉得这些工作没有想象的那么复杂，时间一长也失去了耐性。老会计看到严林漫不经心的样子，十分着急。原来，老会计还有两个月时间就退休了，他离开以后，财务部门就会缺少人手，如果严林在短时间内还不胜任自己的工作，那其他同事的压力就会增加许多。

老会计觉得严林这年轻人，对财会工作中的利害关系了解不多，尤其不知道作为一名财会人员一旦工作出现疏忽，就有可能给单位和个人造成不可估量的损失。所以财会人员在工作中不能敷衍了事，一定要“钉是钉，铆是铆”。严林在学校的时候，也听老师反复强调了财会工作的重要性和意义，但在严林听来，那就是自己应付考试，而死记硬背的教科书内容。

转眼两个月过去了，老会计退休了，严林也正式开始自己的工作。财会人员在做记账工作的时候要及时、准确，这样才能保证自己的账目不出差错。但是严林觉得账是一定要记好的，早一点、晚一点都没关系，于是平时工作松松散散，许多应该做的事情都拖着没做。

公司按规定是要进行年底查账的，严林到这个时候才紧张起来，离查账还有一个星期的时候，他就开始加班加点，甚至通宵做账，着实辛苦。在查账前一天，严林终于完成了做账的任务，但没有时间再去复核。他实在太累了，而且还心存侥幸，就算自己没有再复核过，也不一定真有问题，就算有问题，也不一定就能查出来。

查账结果出来了，严林的账目出现很多问题，并且出现的账目问题因为时间太久，没办法再去复查。由于他刚刚开始工作，所以涉及资金数目并不大，因此并未给公司造成太大的损失。事实上，严林如果按财会规定及时做好当日的记账工作，并且定期对账就能避免这些问题。

严林被单位解聘了，老会计听到严林被解聘的消息也特意回到单位来送他。他告诉严林："小伙子，做好财会这个行业，可不是容易的事情。想做好这一行，一定要有几个勤快：眼睛勤快，没事多翻翻账本，检查自己有没有疏漏。脑子勤快，结束一天工作之后，不要怕麻烦，再想想自己还忘掉做什么没有。手勤快，当日事，当日毕，千万不能拖拉。嘴勤快，和同事工作时，没弄明白的地方一定要多问一句。"严林听了老会计的话，愧疚地低下了头。

财会工作没小事，所幸严林并未给公司造成太大的经济损失。但是对严林个人来讲，由于刚进入职场，还不能体会到工作的意义，但是他曾经因工作失误被单位解聘的事实，无疑会为他以后的职场经历增添不少障碍，事实上，对于财会人员来说，这种不良影响远大于赔偿公司的损失。

随着社会生产实践的发展和社会经济关系的日益复杂，财会工作所发挥的作用越来越重要，财会人员的工作职能也在不断丰富和发展。除财会人员的基本职能外，还具有预测经济前景、参与经济决策、评价经营业绩等功能。财务人员在工作任务越来越艰巨、职能越来越多的情况下，势必要担负起更重的责任。如果财会人员抱着敷衍了事、不负责任、不够严谨细致的工作态度来从事这份职业，就很难避免被淘汰和解聘的结果。因此，作为财会人员，绝对不能敷衍工作，否则，于企业、于个人都会带来不可估量的后果。

4

认同组织价值观，做精益求精的执行者

一个成功的企业，它之所以能够成功，主要依靠两个重要因素：有效

的经营策略和员工的高效执行。这其中策略所占的比重是5%,而高效执行所占的比重是95%。由此可见,一个企业成功与否,关键要看员工的执行能力。

认同组织的核心价值观是员工具有高效执行力的前提和基础。也就是说,员工只有在工作中,以企业和单位的利益为重,以企业的理念为自己的行为准则,在忠诚服务的前提下与企业建立心理契约,才会快速、有效地执行企业下达的各项工作任务,尽职尽责地完成自己的本职工作,并在每个细节中都严格要求自己,尽力将工作做到完美。

作为一名财会人员,能否把上级布置给自己的工作任务在短时间内保质保量地完成;对待工作的态度是否认真细致;是否能自觉地克服自己的不良习惯,尽力减少工作中的误差;是否能立足本职工作,积极参与企业的资金管理工作,这些都是衡量一名财会人员是否认同企业核心价值观的标准。

林秋是企业中一名老财会人员了,她从企业创建之初就一直担任会计的工作,对企业的经营和发展状况都比别人更了解和熟悉。她看着企业从十几个人的小公司,一直发展到现在生产年产值1000万元,拥有500多名职工的规模,也深知企业能成功地发展到今天,完全依靠“全力保证产品质量,对用户负责”的经营理念。

林秋在企业发展和壮大的过程中,确实也验证了“产品的质量和信誉就是企业生存发展的基础”这一正确理念。

然而近几年来,随着市场竞争的加剧,产品的原材料成本不断上涨,眼看着企业的效益大不如从前,这让企业的领导们都万分着急。为了扭转这种效益减少的被动局面,有些人提出放弃以前的原材料供应商,改换用质量差一点、价值成本低一点的原材料。

这一提议在企业中得到很多人的认同,觉得这样做是解决目前困境,迅速摆脱被动局面的唯一办法了。林秋虽然也为企业的状况着急,但是她并没有赞同改换原材料供应商的意见,而是忙着在办公室里写写算算。

林秋在企业中一向很有威信,不仅因为她是企业的元老,她

兢兢业业、细致谨慎的工作态度也是让企业的员工信服的原因。林秋的工作任务重，财务科的人手一直短缺，一时又招不到合适的员工补充，所以，林秋加班加点，在办公室里通宵工作是常事。员工们都说："原来以为'以厂为家'这样的人只有在报纸和小说里才会出现，但看到林秋才相信，现实中确实有以厂为家的人。"

企业领导也很器重这位责任心重、工作能力强的会计，所以企业要进行重大决策的时候，总会征求一下她的意见。

果然没几天，企业领导就找到她讨论有关改换原材料供应商的事情，她没有直接表态，而是拿出几个方案让领导看，原来那几个方案就是林秋这些天一直忙着写写算算做出来的。那是几份有关企业节约成本来提升效益的方案。林秋说："我不觉得我们目前只有改换供应商，选用质量差、成本价格低的原材料这一条路来挽救我们的企业，我们的企业从创建到今天就是因为产品质量可靠，在市场上享有很高的质量信誉才发展到现在的规模的。'保证产品质量'是我们企业生存和发展的根本，如果要选用质量差一点的原材料进行生产，那我们的产品质量就不能得到保证，这无疑是动摇我们企业的安身立命的根本。"说到这里，她顿了一下，调整了一下激动的情绪，接着说道："事实上我们可以从很多地方节省成本，比如减少我们的会议费用、控制生产和办公能源的浪费、削减不必要的开支等等，这是我就这些方面做出的统计和计算，这些项目节约下来的资金不少于原材料成本的差价。所以我们没有必要去换供应商，更不能冒险去降低我们的产品质量。"

最终企业领导通过了林秋的节约成本方案，同时，否决了改换供应商的决定。企业领导感慨地说："林秋这样的员工是企业不可或缺的优秀员工，她用自己精益求精的工作，捍卫了企业的生存之道。"

核心价值观是企业生存发展的根本，是企业的灵魂，企业成功之道是尽可能地培养和重用认同自己的核心价值观的员工。这样的员工是企业生存发展的核心力量和宝贵资源。林秋就是这样的一位能认同企业核心价值观的优秀员工，也正因为她把企业的价值观当做自己的努力工作的信念，所以才会在工作中精益求精。

世界上许多著名企业都有自己的核心价值观，比如，本田汽车集团的核心价值观是“实现顾客利益的最大化”；IBM 的核心价值观是“诚信负责、创新为要、成就客户”；诺基亚的核心价值观是“科技以人为本。客户满意、相互尊重、追求成功，不断创新”。

财会人员虽然不是产品生产和经营的第一线员工，但是并不代表财会人员可以忽略企业的核心价值观。相反，由于财会人员直接可以参与到企业资金等各项管理工作中，对企业的正常资金运转起着关键的作用，所以就更应该把企业的价值观贯彻到自己工作的点滴之中。

只有这样，财会人员才会本着对企业负责任的态度，支持和信赖企业的经营理念和方针。在工作中认真敬业、诚实细致，积极配合自己的部门参与企业的资金管理工作、认真细致地为企业提供翔实可靠的会计信息、服从上级下达的工作命令，并迅速执行到位，在工作中对自己提出更高的标准，让自己的工作精益求精。

第三章　爱岗乐业：工作岗位虽然平凡，但工作态度不能平庸

“要么你去驾驭生命，要么生命驾驭你，你的态度决定谁是坐骑，谁是骑师。”在平凡的财会工作当中，我们不能够让自己的工作态度变得平庸，这样才能够很好地驾驭自己的工作，让自己在平凡的工作岗位上做出骄人的成绩。作为一名财会工作者，我们只有做到爱岗敬业才能发挥出自己的最高水平。

1 成功源自爱岗的态度

对每一名财会工作人员而言，爱岗是成功的前提条件，也是必备条件。

如果对自己的岗位不热爱，财会人员就不会在工作当中兢兢业业，面对问题也就不会主动去解决，更不会主动钻研自己的工作、提升自己的工作技能、更新自己的专业知识，也就不会珍惜自己工作的机会、努力维护自己财会人员的声誉和形象，更不会具备和自己工作相适应的业务素质和能力，更谈不上坚持自己的准则、客观公正，也就不能更好地维护公司的利益、为公司承担责任。

可见，爱岗是财会人员工作的动力源泉所在，它能充分调动我们对工作的热情和积极性，不断努力向成功一点点靠拢，即使过程辛苦也乐在其中、无怨无悔。

罗红是一家公司的财务会计，他自己已经在财会的行业中工作五年，在工作当中始终严格要求自己。他先后在工作当中担任出纳、工资核算、稽算和会计档案管理的岗位上工作过，但是每一项工作他都能够勤勤恳恳、任劳任怨地对待，对自己每一个岗位上的工作都非常热爱，也非常尽心尽力。为此他经常受到单位领导的表扬。渐渐领导交给他的工作越来越重要，他也都能够出色地完成任务。最终获得了领导的重用。

罗红遵守了爱岗敬业的职业道德规范，在工作当中做到了干一行爱一行，做到了在工作当中任劳任怨、忠于职守。忠于职守是爱岗的重要表

现形式,这不仅需要财会人员认真执行岗位规范,而且要在各种复杂的情况下能够抵制住各种各样的诱惑,忠实履行自己岗位的职责,对自己应该承担的责任和义务勇于负责。

财会人员是公司的"管家",是公司中协调各个环节配合的纽带。财会人员要对公司的资金流向进行全面的系统核算与监督,财务会计是现代化公司的重要基础组成部分。他们通过一系列的会计程序,分析各种各样的信息,并积极参与到公司的经营管理当中,从中提高企业的经济效益,更好地引领公司健康、稳定地成长。

财会人员在公司当中起着非常重要的作用,应该认真负责地投入到精细的工作当中,热爱自己的工作、全心全意为公司服务。做一名成功的财会人员并不是一件容易的事情,在工作当中的要求也会非常的严格和精细,这就需要我们有足够的耐心和细心,热爱自己的岗位、尽自己最大的努力在平凡的工作中做出不平庸的成绩。

财会工作是一个非常严谨的职业,对信息全面深入的分析是一名财会人员应有的责任。小到发放工资、工服预算,大到成本核算、公司资金走向分析,这都关系到公司中的利益和效益。资金是公司运作的基本动力,而资金的收入、支出和运作都要经过财会人员进行统一而谨慎的处理,财会人员的本职就是尽自己最大的努力不让公司多花一分冤枉钱。财会人员应该对自己的工作做到认真负责,热情地投入到工作当中,不在工作中出现任何差错。如果财会人员在工作当中存在一丝的疏忽大意,将会给公司造成巨大的损失。所以我们要怀着一颗热爱的心去对待自己每一天的工作,出色地完成任务就是对自己价值的充分肯定,就会在自己工作中做出出色的成绩。

爱岗敬业也是财会人员忠于职守的事业精神,这是会计职业道德的基础之一。爱岗敬业就是财会人员应该热爱自己的本职工作,安心于自己的本职工作,稳定、持久地在自己的工作当中辛勤耕耘,恪守尽职地做好自己的本职工作。敬业是作为一名财会人员充分认识自己的本职工作,在公司的各项活动中的应用,认识财会工作对公司的意义和道德价值,使自己具有会计职业的荣誉感和自豪感。财会人员应该在自己的工作中保持高度的工作热情和创造精神,以强烈的事业心和责任感,投入到自己的工作当中。

我们每天的工作几乎都是对着各种各样的数据进行分析，面对这样繁琐和乏味的工作我们也要保持一个良好的心态。怀着一颗热爱的心对待自己的工作，这是让自己走向成功的一种很好的捷径。所以财会人员在工作当中就应该保持一种良好、平和的心态，将自己的工作做好。

热爱财会工作，尊重会计职业。首先就要对财会工作有职业荣誉感，要有自信心和自尊心。还要对财会的事业产生浓厚的兴趣，把财会工作当成一种乐趣进行，这样在工作中也会变得更加轻松。每天平常、琐碎的工作组成了我们一整天的工作，我们每天就要在处理这些工作的过程中感受工作的乐趣。可以将自己的乐趣融入到自己的工作当中，及时感受工作带来的乐趣。

在工作中我们要有一丝不苟的精神。财会人员对自己本职工作的热爱，也体现在自己工作职业技能操作的态度上，体现在自己工作的成果上。财会人员应该对自己的工作严肃认真、严格执行，对自己的工作精益求精。财会人员要将一丝不苟的精神贯穿到整个工作当中，在工作的每一个步骤计算准确，做好自己的本职工作。

2 把敬业当成一种本分

有些财会人员对工作没有一个正确的认识，在他们看来，工作就是个饭碗而已，做得能交差就行了。所以，在工作中他们“挑肥拣瘦”，懒散、懈怠，生怕多做了一点。哪天多花些时间做了份不错的财务计划书，就为自己的“敬业”精神沾沾自喜。

这是敬业的态度吗？其实真正敬业的财会人员，根本不会为这种“小事”自满，因为他们早就把敬业融入到自己的血液里，他们认为这不过是一名财会工作者的本分而已。

夜已经很深了,北风呼呼地刮着……

就在这个隆冬的深夜里,有一位年轻人还站在马路边电话亭里望着外面,等待着自己期待的那个身影出现在自己的视线里……

难倒这个年轻人是在等待自己的恋人?

也许,很多人在看到这一幕的时候都会产生这样的想法。但是,真实的答案却是——这个叫做马一凯的年轻人正在等待对面工厂里的总经理胡天科走出来,他是来讨债的……原来,胡天科的公司欠着马一凯公司一笔 62 万元的货款账。马一凯代表公司来胡天科这里收账。但是,要账从来都不是一件容易的事情,往往是花费了很多的时间和精力却落得无功而返的结局。

实际上,马一凯来跟胡天科公司收账已经两个礼拜了。但是,一直被胡天科手下的员工挡住见不到胡天科的人。这几天,马一凯专门守候在他们公司的大门口,就是要等着胡天科出来。幸运的是,他今天下午终于看到胡天科开着那辆红色的保时捷从公司的大门进去了……

就在马一凯冻得准备回宾馆的时候,突然那辆红色的保时捷跑车缓缓地从他的面前开了过来。马一凯马上从电话亭里冲了出去,拦在车的前面。

“谁啊,你不怕死吗?这么晚了想打劫还是怎么的?”胡天科骂骂咧咧地从车里伸出头来。

“胡总,我是嘉义办公用品设备公司的会计,我叫马一凯,这么晚了拦您的车真是没有办法啊!我来这里已经两个星期了,可就是见不到您,我们公司最近资金压力非常大,所以想请您把四个月之前的那笔货款给结了。对您公司这么大的企业来说,62 万也不是一个多大的数目。”马一凯毕恭毕敬地说。

“啊!你是一个小会计,这么冷的夜晚,你一直在这里守着?”胡天科很惊讶地问道。“是的,我从下午三点多就来了,看见您开着车进去后就没有离开过。现在都快凌晨一点了,呵呵……”

“你是我见过最敬业的会计，就冲着你这股子敬业精神，我明天就给你结账！”

“谢谢胡总，您太过誉了，作为一名会计，保证公司运营资金的正常流转，这是我们的最大职责之一。我想，其他的会计也会跟我一样敬业的。希望胡总晚上做个好梦，我明天早上再拜会您！”

……

马一凯只是公司里一名普通的小会计，但是他却有着可贵的敬业精神，是这种精神让他战胜了黑暗和寒冷，甚至是冒着危险，完成了一项艰巨的任务。

马一凯本人并没有意识到自己的举动有多么了不起，但是他的敬业精神，却让大公司的老板胡天科为之感动。这就是敬业精神的魅力所在，敬业让一个平凡的岗位变得不平凡，因为敬业的人都是用心在对待工作。

在财务工作当中，只有财会人员怀着敬业的态度，才能够在平凡的岗位上做得非常出色、成绩斐然，这样的员工往往能够给公司创造出非凡的成绩，也会受到同事的喜爱和领导的重用。

优秀的财会人员因为有了敬业的精神，才会在工作中勤勤恳恳、恪尽职责，帮助公司解决各种各样的难题、制订更佳的方案，并做好自己分内的工作，对损害公司获取私利的事情从来不做。

当今社会，市场的竞争变得越来越激烈，经营的环境也越来越复杂，这就导致了财务工作也变得压力非常大，这就需要财会人员具有较高的敬业精神，把自己的工作做到极致，为公司节约成本、提高效率，促进公司更健康、更快速地发展。从某种意义上讲，财会人员敬业的态度也会变相影响着公司的存亡。一个工作能力不强的财务团队就会导致公司经济运作混乱，这样的团队整日游手好闲、在工作当中敷衍了事，遇到问题的时候总是给自己找各种各样的借口搪塞，对自己的错误一点不知道悔改，而且对公司财产走向不明确，为公司制订战略战术方针带来困难和不完善的信息，最终可能导致公司的战略决策不准确，从而影响到公司的存亡。

殊不知，敬业精神会让财务工作者对自己的工作怀着敬畏的心，而因为敬畏才能够全力以赴，会自发地认真对待工作，不找任何借口，自觉主动地投入到工作当中，充分对自己的职业做到尊重和热爱，把工作当成自己的使命，无论付出多大的努力都是应该的，对待每一项细小的工作都能够做到善始善终。敬业的财会人员在公司当中能够帮助公司更快更好地发展，也更容易受到领导的提拔。领导都喜欢敬业的员工，因为敬业的员工能够帮助他们减轻不少工作带来的压力。

敬业不仅仅是为公司的发展做贡献，还能够给自己带来很大的帮助，只有在自己非常敬业地对待工作时，才能够在工作中总结比别人更多的经验，这些经验也是自己加薪、升职的重要条件，而敬业的精神会给自己的各方面带来帮助。

因此，把敬业当成是自己的本分，在工作当中更容易获得成功。在财务工作中，我们把敬业的精神变成一种习惯、成为自己本分的事情，就能够让自己的工作更加顺利，也更容易为公司做出贡献，也能够获得更多晋升的机会。

3 工作不是交易，抛开功利思想

虽然财会本身是一个“精打细算”的行业，但是如果财会工作人员把这种“精”、这种“算”放到工作态度当中，一心只想从工作中获取名利上的回报，那么，我们就不可能将全部精力投入到工作中，从而大大降低工作效率。而且，带着这种功利思想去工作，我们就难以体会到财会岗位本身带给我们的快乐。

所有的财会人员都应该有一个清醒的观念：工作并不是交易。我们工作的初衷应该是对岗位的热爱，只有怀着这种纯粹的感情，在工作中认真地执行、不断地思考、勤奋地学习、及时地总结，才能够获得一笔巨大的无形财产，这些财产是非常丰富的，而且在我们未来的道路上受用不尽。

财务部门的会议上，刚刚公布了新一批“优秀会计”的名单。会后，那些没有被评上的会计都在私下议论纷纷，牢骚满腹。张红插着腰，说：“这一年辛苦工作的，有什么劲啊？工资不涨，评优秀也没我的份！”林晓雨笑她：“就你呢？想得美吧，要评也该评咱们刘姐啊！”张红挠挠头：“也是啊，我都替刘姐不平，兢兢业业地在公司干了五年了，这次评优秀竟然没她的份？”

她们口里的刘姐，是公司的老会计刘霞，人很和善、热情，对谁都是笑眯眯的。她工作能力强，做什么事都认真负责，在公司里人缘很好。可是她这人最大的毛病，就是太“好说话”，平时厂里分发奖金、选个优秀，其他人都明争暗斗的，她却跟没事人一样，照常做自己的工作。这次也是一样，不少人在她耳边吹风：“刘姐，领导对你太不公平了。”可她只是一笑置之：“我跟你们年轻人争个什么啊，工作是分内的事，哪有不给奖励就不干活儿的道理啊。”

大家正议论着呢，财务主管又来告诉大家，部门有一个紧急任务，要给客户做一份报表。主管问：“大家帮帮忙，谁来负责这个任务？”

下面顿时鸦雀无声，还有人小声嘀咕：“有奖金吗？没奖金谁干啊！”

这时，刘霞站起来说：“我来吧，我手头的工作快结束了。”

主管满意地点点头，拍拍刘霞的肩膀：“谢谢老刘了，关键时刻，还是老同志靠得住。”

有不少人背后说刘姐太傻了，为公司这么无私奉献，值得吗？凭她的能力，要是多争取一下，现在在公司早就能混到经理级别了。

可是出乎所有人意料的是，在接下来的部门会议上，刘霞被提名为新任的财务经理。主管把她叫到办公室，说：“老刘，你平时的工作表现我都是看在眼里的。你能力强，又从来不跟别人争名争利的，同事们都喜欢你，领导也信任你。上次的优秀会计我没选你，你别往心里去，其实我早就想把你提到部门经理的位置上，所以才把优秀的名额让给了别人。”

如上面的例子可以看出，那些一味斤斤计较的新会计，一直碌碌无为，得不到提拔；反而那些不图名利、默默奉献的老会计，他们的优秀表现被领导“看在眼里、记在心里”。越图功利，越是事与愿违；而不图功利，回报却来得水到渠成。

财会人员应该抛弃自己的功利思想，尽心尽力完成工作任务。无论是分内还是分外的事情都要通过自己的努力，认真执行公司制订的任务。人的理想和现实总会有一定的落差，但不要因为这样就开始一蹶不振、怨天尤人，从此对工作失去了信心、没有了热情。

作为公司的财会人员，我们不能因为眼前的一点功利而舍弃自己敬业的精神，这样是坚决不可取的。面对超出自己本职工作范围内的事情，我们要敢于尝试、愿意尝试，更加积极、主动、努力去完成，这一切也会为我们积累很多的经验。

财会人员能抛开功利的思想，不计较个人得失，在工作当中就能做到让公司满意、让员工敬佩。抛开功利思想，是良好职业品质的表现，也是一种做人的态度，只有这样做，才能够自觉、主动地工作，最终成为一名优秀的财会人员。

但是有很多的财务工作人员在自己的工作中产生一种扭曲的想法，即自己所做的一切只不过是在为老板挣钱，公司盈利与否跟自己没有任何的关系，就算公司获得了更大的利润也不会给自己任何好处，没有必要在工作中那么敬业。其实这种想法是错误的，有时候还非常危险。公司就是在大海中乘风破浪的战舰，老板就是战舰上最大的指挥官，而我们都是战舰上不可缺少的士兵，每一个人的生死都紧密地结合在一起，只有摒弃自己的功利思想，热爱岗位、坚守岗位，把自己融为战舰上的一分子，才能在大海中更占优势地和其他的战舰竞争。大家同心协力，才能让自己的战舰获得最终的胜利，当然这种胜利属于战舰上的每一个人。

很多的财务部门都不缺少工作能力强的员工，但是缺少能和公司共患难的员工。在公司蒸蒸日上的阶段并不能判断员工是否对公司做到一心为公，只有在公司每日俱下、遇到危机的时候才更能看清员工是否能为公司患难与共。

财会人员只有不计较功利上的得失，把公司的发展看成是自己的责任，才会想方设法为公司排忧解难，而不是绞尽脑汁谋取更高的薪水。这样的员工才能获得独一无二的竞争能力，在公司当中晋升的机会也是比别人多。相反一个斤斤计较的财会人员在公司当中最多只能获得一份谋生的工作，在公司当中很难取得任何的成就，很难收获财会岗位带给他的满足和快乐。

4

敬业增加核心竞争力

在激烈的职场竞争中，作为一名财会工作人员，你拿什么作为自己的核心竞争力？又有什么法宝，能让你从平庸的小会计行列中脱颖而出，得到公司的赏识和重用？

是敬业的态度。财会人员对自己工作敬业的程度很容易折射出自己的人生轨迹。自己对工作的敬业程度也间接决定了自己的成就和地位。我们对工作的敬业程度，也决定了我们在职场当中竞争力的强弱。具备一个良好的敬业精神也就能够增加自己的核心竞争力。

仅仅三年的时间，就从一名实习会计坐到财务经理的位置上，陈嘉华几乎是德明会计事务所的一个传奇。

可德明的老总徐天回忆起初见陈嘉华时的情形，却只是笑着说："当时一起招进来的实习会计中，比他优秀、能力强的有很多，但是最后我唯独愿意重用他，是这个小伙子的敬业精神打动了我。"

徐天的话不假。凭着德明在业内的声望，每年不乏大批的优秀人才花钱、托关系都想挤进来。而陈嘉华只有二本的学历，又毫无人脉背景，跟那些博士、硕士、留学生和高干子弟相比，根本没有任何竞争力可言。

面试的时候，公司几个高层都委婉地示意陈嘉华可以离开了，但是徐天却意外地对这个看上去稳重、踏实的东北小伙子颇有好感，陈嘉华才幸运地留了下来。

尽管得到了这次机会，但是陈嘉华被分配到的仅是一个小会计助理的职务，在事务所里也就算个“打杂的”“跑腿的”，他的主要工作就是帮会计核对账目，誊写计划书，再就是把财务报表送到相关部门。

在那些高材生眼里，陈嘉华的工作一点技术含量都没有，也没有什么发展前途。因此，他们私底下根本瞧不起陈嘉华，经常对他冷嘲热讽的。相熟的朋友也劝陈嘉华要不跳槽得了，自己可以帮他介绍更好的工作。

陈嘉华只是淡淡一笑：“每个岗位都有它的价值和意义，是金子在哪儿都能发光，我既然身在这个岗位，就会把自己的本职工作做到最好。”

陈嘉华的上司李修是个经验丰富的老会计，最初，李修也因为陈嘉华的学历低而有些担心他的能力，只是交给他一些简单重复的工作。但是渐渐地，李修发现，这个年轻人做事特别认真负责，不管交给他什么任务，他都能保质保量地做好，即使有时候任务量真的很大，他也没有半句怨言。再想想自己以前的那些助理，也不乏名牌大学的毕业生，可是一个个心高气傲的，不愿意做这些基础工作，生怕多分到一点任务，遇到加班就满腹牢骚。再看看他们整理的那些账目吧，潦草、凌乱、漏洞百出，还得让李修自己再返工。

有了陈嘉华这个贴心的助理，李修再也没有这些烦恼了，工作似乎轻松了很多。渐渐地，李修已经把陈嘉华当成了自己的得力助手，并开始交付给他一些更重要的任务。

一次，公司拓展新业务，想在投资方面做些大的调整，当然，这次改革也是很有风险的。因此，公司领导让每个老会计提交一份年度财务计划书作为参考。

李修熬了几个通宵拟了一份草稿，终于撑不住了，也觉得大体满意了，就让陈嘉华帮他看看细节有没有漏洞。当陈嘉华在第三天将草稿还给他时，李修吃了一惊：陈嘉华提出的修改意见非常专业且有创造性，里面涵盖的财会知识之广，一点也不比那些硕士甚至博士差。

李修不禁在心里暗暗赞叹这个年轻人的才华和努力。

后来，这份计划书得到了公司领导的一致好评，李修向领导们推荐了陈嘉华，并拍胸脯保证，这个年轻人凭着他的敬业精神和专业才华，完全有能力担任一名正式会计了。

而陈嘉华果然没有辜负师傅李修的期望，在公司里很快得到了多次晋升，取得了骄人的成绩。

由上面的例子我们知道，在任何平凡的工作当中都会蕴藏着巨大的机会，而竞争力的大小也决定了机会的大小。将自己的每一件事都做好不是一件简单的事情，将自己平凡的工作做得不平凡，那么自己核心的竞争力将难以被别人超越。可见，敬业是财会人员提高自身竞争力，确保自己事业蒸蒸日上的奠基石。

一个敬业的财会人员和一个不敬业的财会人员的差异是非常明显的。一个敬业的财务工作人员会在自己平凡的岗位上全力以赴，用自己最大的热情投入到工作当中、释放自己最大的亮点，而做出的成绩也会在同事当中脱颖而出，领导交给的额外任务也能够非常出色地完成，这样也就逐渐地在激烈的人才竞争当中增加自己的竞争力。但缺乏敬业精神的员工，即使自己有一份优越的工作，整天也只是消磨时间，在工作当中自然也不会有多么大的成绩，最终会被公司所淘汰。领导不会喜欢一个不敬业的员工，却一定喜欢一个敬业的员工，一个敬业的员工和不敬业的员工的竞争力差别也是显而易见的。

财务工作虽然相对来说是一个枯燥的职业，整天对着各种各样的数据进行统计、分析，我们也要做得非常出色。爱岗敬业，就能让自己在工作当中发挥得更好，这样领导也会变得越来越赏识自己，使自己的竞争力变强，最终获得升职的机会也就越大。

由此可见，财务工作人员应该将敬业的精神养成一种习惯，将这个好习惯带入自己的工作当中，将自己的能力在工作当中发挥得淋漓尽致，在工作当中展现自己的能力，体现自己的人生价值，同时也会提升自己的竞争资本。

让敬业成为一种潜在的本能，不断增加自己核心的竞争力，你将会在公司当中以最快的速度发展，把自己平凡的工作变得不再平凡，那样将会离成功更近了一步。

5 乐业是能力提升的原动力

乐业的态度能够影响到工作能力的高低，人们如果喜爱自己从事的工作，了解自己工作的重要意义，就会自发地去认真工作，也就容易取得更大的成就。

财务工作，相对来说比较枯燥，在工作当中也会更容易感到疲惫，并且丧失工作的原动力。如果财会工作者抱着厌恶、抵触的心态去工作，那么每天的工作无疑成了一份枯燥的苦差事，我们会被动地应付工作，甚至逃避工作，对自身的能力提升毫无帮助。

既然如此，为什么不试着调整心态，主动去发现财会工作当中的快乐呢？快乐工作，能给我们辛苦繁重的工作“加加油”，能让我们微笑迎接每一次的困难和挑战，并在这个过程中惊喜地发现，自己的能力得到了飞速提升。

刘红迪是一所知名大学会计学专业毕业的高材生，毕业后顺利地在一家服装公司做财务的工作。由于她没有多少工作经验，总经理决定先让她跟着财务主管学习和熟练公司的业务，熟悉公司的状态。

财务主管非常喜欢这个刚刚毕业的大学生，而且刘红迪非常聪明，学习的劲头也很足，但是财务主管却只是让她做一些非常简单的工作。每天的工作只是一些简易的贴票工作。这个简单的工作刘红迪足足做了三个月，终于有一次她受不了这样简单、枯燥的工作，找到财务主管要求接受一些重要的工作。表示自己一点也不喜欢现在的工作，每天只是做这样简单的事情，对自己的能力一点提升都没有。

财务主管听完刘红迪的抱怨，给她讲了一个自己的故事——

原来财务主管在刚刚进入公司的时候和她的情况相同，每天也是做一些简单的贴票工作，但是她在日复一日的工作中并没有抱怨和牢骚，而是把自己的工作当成是一种游戏，快乐地上班。这个财务主管每天都能够保持饱满的心情投入到重复的工作当中。随着时间的积累，这名财务主管渐渐地公司的各种数据进行了详细了解，摸清了公司的资金走向。对公司的成本核算也非常的清楚。之后领导渐渐交给她一些重要的工作，她也能出色地完成。没过多久她就被提升为财务主管了。

刘红迪听了财务主管的经历后顿然醒悟，她知道就算自己在公司当中做着最简单的工作，那也应该怀着饱满的热情，快乐地投入到工作当中。从此以后，刘红迪的工作劲头也大了起来，做事也不抱怨了，她的能力渐渐得到了提升。

财会的工作是一个要求非常严格且枯燥的工作，因此我们常常会产生或多或少的负面情绪，这些负面情绪如果没有及时得到控制或调整，将会对自己有所危害，会使自己失去了前进的动力。

刘红迪最初感觉自己在公司当中总是做一些非常简单的工作，埋没了自己的才能，对工作满腹牢骚。但听过财务主管讲了自己的亲身经历后，她明白了“爱岗敬业”的道理，从此以财务主管为榜样，热爱自己每一份工作，在快乐的工作中不断给自己前进的动力。

带着负面情绪的员工在财务工作当中也很容易出现疏忽，从而给公司带来损失。所以说，在严谨、枯燥的工作当中我们要学会寻找其中的快乐，想办法让自己的工作变得轻松。在工作当中爱岗乐业，是每一名员工都应该做到的，只有敬业才能将自己的工作做好、做到位，我们在工作当中寻找奋斗的快乐也会提升自己工作的效率，让自己在工作当中感到轻松愉快。

乐业是爱岗的源泉，只有在工作当中感觉到快乐，喜欢自己的工作，才能产生工作的动力，能够精力充沛地投入到自己的工作当中，也能让自己工作起来更容易发挥自己的实力。

第四章　诚实守信:信誉是财务工作者的金字招牌

没有了诚实守信的品质,任何一个人都无法在这个世界上立足,因为诚信就是人与人之间交往的基础。而作为一名财务工作者,我们就更需要诚实守信,因为财会部门一旦失去公信力,将会给企业和社会带来不可估量的影响。而且,对于每一名财务工作者而言,诚实守信就是自己的“金字招牌”,因为这样的人是企业与组织最信得过的财务人员,这样的人能获得更多的发展机会。

1

诚信是必不可少的职业道德

任何行业都有不同的职业道德，我们要想将工作做好，就要严格遵守职业道德。身为一名财会工作人员，同样也有对应的职业道德，诚实守信就是其中最为重要的一点。

诚实守信指的是言行跟内心的思想一致，在工作当中不弄虚作假、欺上瞒下，做一个诚实的人，做老实人、说老实话、办老实事。诚信也是员工必不可少的职业道德。诚实的人会遵守自己做出的承诺，做事讲信用、重信用。财会人员应该在工作当中信守承诺，保守公司的机密，这也是财会人员在工作当中的基本准则，是必不可少的职业道德。

我们可以试想一下，如果你经常弄虚作假，找不同的借口推脱任务，那么，当领导知道你欺骗他的时候，他还会信任你吗？如果你经常说谎，让同事帮你做事情，当同事知道你欺骗他的时候，他还会相信你吗？当你的客户知道你做的报表存在很多水分的时候，他还会再找你合作吗？他还会再相信你吗？当你答应别人的事情没有做到的时候，别人还会再次相信你吗？答案是否定的，不管是谁，都不喜欢虚伪的人，更不喜欢不讲诚信的人。

身为一名财会工作者更是如此，每天和数字打交道，谎报一个数字就可能让一家企业“倾家荡产”。这也就告诉我们，身为一名财务工作者，高度的诚信是必不可少的。

“您好，请问是浩轩财会公司吗？我这里是广告传媒公司，你们明天有时间吗？来我们公司对财务方面进行一下审计。”吴浩然拿起电话就听到这样一番话,于是便回答说自己有时间,明天上午一定可以赶到。不仅如此,吴浩然还将对方公司的具体位置问清楚了。挂了电话,吴浩然就去忙其他的事情了,将这件事情抛在了脑后。

吴浩然就是这样,做什么事情都喜欢拖拉,答应别人的事情最起码也要拖上三四天才能完成。也就是因为这样,吴浩然一年之间换了六份工作,每次都是被老板辞掉的,理由就是他做事拖拉,不能及时为客户服务,给公司的名誉造成很大的影响。

吴浩然在这家公司上班时间不长,这天下午,领导把他叫到办公室:"小吴,你刚来公司不久,本来是应该让人教你一些财务工作细节的,不过鉴于你以前做过这个,我也就免掉你的试用期。你明天上午去曲丽化妆品公司查查账,回来将报表制作一下。"吴浩然欣然接受,并在领导面前夸下海口:"放心吧,领导,我明天一定按时过去,你就等着看报表吧。"

然而,第二天,吴浩然一天都没有来公司,领导以为他是去审核账目去了,也就没有过多的在意。而那家广告传媒公司的老板则是急坏了,因为他们正等着吴浩然审核账目,向上级汇报呢。吴浩然最后居然没有来,这让负责人非常难堪。于是,他将电话打到了浩轩财会公司,并责问相关的负责人为何没有去,不仅如此,他还向浩轩公司索要赔偿金。

那天下午,领导又接到了一个电话,原来吴浩然没有去曲丽化妆品公司查账,这让领导火冒三丈。情急之下,领导就将电话打了过去,问吴浩然在做什么,最后得到的答案却是:"领导,我今天有点事情,所以就没有去上班,曲丽公司那边我也没去。要不我明天再去吧,我一定会做好的。"

听到吴浩然这样说,领导更是火冒三丈,但他还是沉住气说:"那好,你现在没有事情了吧?你马上到公司来一趟。"

当吴浩然走进办公室的时候,他还是红光满面,领导看了立即问道:"你到底做什么去了?你昨天是不是还接了一个工作,你今天去了吗?我昨天交给你的任务你完成了吗?"吴浩然这时候还没有意识到问题的严重性:"我今天不是有事情嘛,我明天一定去，我马上就打电话向他们解释。”说着，吴浩然就拿起电话要拨号码。

领导阻止了他：“小吴，什么都不要做了，人家已经撤销了和我们的合作，没用了。不过我想告诉你的是，作为财务工作者，诚信是我们必不可少的职业道德，违反了它，你永远不可能立足。行了，我不想多说了，你还是另谋高就吧。”

吴浩然在一年的时间内，被辞掉了将近 7 次，这可以说是财会人员的“悲剧”。但是，这场悲剧的导演不是别人，而是吴浩然自己，正是因为他不讲诚信，最后才换来了这样的悲剧。

所以说，不管在任何时候，我们都要对自己说的话、做的事负责任，履行自己应该承担的义务。只有这样，我们才能赢得领导的赏识，在工作中展现自身的才华，并获得一定的回报。如果财会人员在工作当中不诚实，那么他注定输在职场，确切地说是输在财会工作中，这样的人，是永远不可能在职场中立足的。

身为财务工作者，我们如果想要在公司当中立足、想要干出一番事业，就必须做到诚实守信。一个弄虚作假、欺上瞒下、糊弄公司来骗取自己的荣誉和报酬的员工，最终将会受到公司的惩罚，严重的甚至将会受到法律的制裁。诚信也是财会人员对公司的一种基本态度，用最真实、最公正的数据把公司现实的经济活动反映出来，并忠实为公司服务。诚实守信也是财务工作人员在履行自己职责时必备的职业道德素质规范。

诚实守信不但要在工作当中得以体现，同样也是做人的基本准则。诚信对我们自身来说就是一种很好的约束和要求，只有讲信誉、守信用才能获得别人的信赖和帮助，讲诚信也是别人对我们的希望和要求。

财会人员要明白，自己代表的不仅仅是个人，同时也代表了整个公司。如果自己没能够做到诚实守信，在工作当中说话不算数，那么也将失去别人的信赖，自己做任何事情都会受到别人的质疑，而自己所代表的公司和团队也就无法获得别人的信任。

2

诚信拥有征服人心的力量

诚信的力量是强大的,它能够帮助我们不断提升自己的能力,让我们在工作当中受到别人的信赖和支持。诚信有一种亲和力和凝聚力,当别人对自己产生了信赖,才能够放心大胆地和我们合作。

一个不讲诚信的人很难得到别人的认真对待和帮助,也没有人愿意和一个不讲诚信的人合作,因为谁也不愿意整天提心吊胆地工作,更不愿意和那些不讲诚信的人做搭档。人们都愿意和那些讲诚信的人合作,因为和一个讲诚信的人合作才会让人有安全感,这是一种基础的保障。

寒风呼呼地吹着,雨水一滴滴打在玻璃上,它们尽情地挥舞着,似乎在演奏一曲冬日恋歌。就是在这样的天气,梁式和谢倩两人还是不得不顶着寒风,去城郊的一家制造厂审核账目。在路上的时候,梁式就不停地抱怨:“谢倩,你说咱们图什么啊?在这样的鬼天气还要走这么远的路。”谢倩笑而不语,停留了片刻之后,她才说:“这是我们的工作啊,行了,你看,我们马上就到了。”是啊,在十分钟之后,他们终于到了这家工厂。

在审核账目的时候,梁式和谢倩发现这家公司的账目存在一些的问题,光材料批发这一块就有将近20万的出入。当发现这个问题之后,他们心中不禁打了一个寒战。梁式先反应过来:“倩倩,我给你说啊,我们千万不能惹事,要不就睁只眼闭只眼,告诉他们财务没有什么问题?”梁式的话音刚落,谢倩就说:“不行,领导经常给我们说,做咱们这一行就得有啥说啥,不能这样的。”

两人的想法发生了严重的分歧,梁式不想惹事,始终坚持给该公司报假账。谢倩则坚持诚信为本,必须实话实说。两人就这样对峙着，梁式身为男孩儿，不想和谢倩吵架，于是，他就一个人先走了。谢倩只能一个人继续审核账目，力争不错过任何一个“漏洞”。

用了整整一天的时间，谢倩终于完成了工作，然后，她来到了制造厂老板的办公室，并将情况说了出来：“王老板，账目我已经审核得差不多了，我发现了一个问题……”还没等谢倩说完，老板就打断道：“问题？怎么会有问题呢？你确定你查得很仔细吗？”

见老板这样，谢倩心中有些害怕，但是，她不能不说实话，于是鼓起勇气说：“是的，我发现你们厂在进口材料的账目上有很大的出入，还有其他一些项目上也有问题，这是我做账目时发现的问题，您先看一下。”说着就将一张纸递给了制造厂的老板。

那老板似乎并不怎么在意：“好了，我知道了，现在时间也不早了，你可以回去了。”于是，谢倩再次顶着寒风回到了公司，到公司的时候，梁式也在，但这一对“搭档”，现在见了面居然一句话都不说。

第二天，该公司接到了该厂老板的一个电话，他决定和谢倩所在的这家公司签订长期合同，原因就是谢倩的真诚打动了他。原来这家制造厂是第一次和他们合作，心中自然有不放心的地方，于是故意“造假”，看他们能否发现，更重要的是是否会真诚地说出来。结果证明，谢倩的诚信获得了制造厂老板的肯定。

当梁式知道这件事情之后，主动找到了谢倩：“谢倩，对不起，那天是我不好，我现在终于明白了，做我们这一行，诚信是非常重要的，我以后再也不做‘缩头乌龟’了。你能原谅我吗？还愿意做我的好搭档吗？”谢倩笑了笑：“我们还是最好的朋友！”

财务工作者如果能始终做到诚实守信，必然能获得更多的帮助和认可。就像上面案例中的谢倩一样，是她的诚实换来了制造厂老板的认可，同时得到了一个要好的朋友。中国自古有一句话叫“得道多助，失道寡助”，相信这个道理很多财务工作者都知道：一个遵守诚信的人必将会得到大家的尊重和友谊。

作为一名财务工作者同样也要明白这样的道理，并让诚信贯穿于工作的全部,不放过任何一个数字,不谎报任何一份报表。只有这样,才能让那些密密麻麻的"蚂蚁"掌握在我们的手中,任由我们"摆布",同时,我们才能获得领导的认可,获得同事的尊重,获得客户的信赖。

否则,我们就很难在工作中立足,更不要说获得领导和同事的信任了。所以说,不管是对待每天繁琐的财务报表,还是让人感到"头疼"的数字,我们都不能有蒙混过关的思想。要"实话实说",将每一个数字落实到位,让诚信成为工作的助推器。

3 让诚信为你的人生加分

"真诚所致,金石为开",身为财务工作者中的一员,每个人都希望能够在工作中彰显自身的才华;都希望走到财务工作的最顶峰;都希望得到领导和同事的认可;更重要的是,我们希望让人生变得更为绚烂多姿。那么,从现在起,抛弃蒙混过关的思想吧,抛弃那些有损诚信的行为吧。只有心中有诚信,我们才能"做"诚信,才能在工作中打造属于自己的"诚信空间",为自己的人生加分。

中国自古讲求的就是"仁义礼智信",财务工作者在工作中同样也要学会诚信,让诚信贯穿工作的每分每秒,让诚信为自己的人生加分。那些不讲诚信、不能认真对待工作的员工是不可能在财会领域立足的。

然而,工作中仍然有一些财务工作者没有意识到这一点,工作的时候不能真诚对待,甚至希望在工作中获得"油水"。这样的想法是愚蠢的,更是不理智的,这样做只会让财务工作人员在工作中一败涂地。要知道,财务工作者的职责是保证财务信息和数字的真实性和准确性,没有了诚信,数字就会出现问题,工作就会出现问题。更为重要的是,我们的人生也会因此而“减分”。

现在的何山已经是一位饱经风霜的老人，他有一个儿子，名叫何权，现在在会计事务所上班，工资还算不错。那天，何山正在家门口晒太阳的时候，突然接到一个电话，是何权所在的事务所打来的：“您好，是这样的，有一件事情我需要告诉您，你听了之后先不要着急，事情我们还没有弄清楚，何山这几天可能回不了家。”一听这话，老人家就猜到了是怎么回事：回不了家肯定就是被拘留了。

何山只有这么一个儿子，他能不着急吗？于是，他穿好衣服就赶到了会计事务所，将情况了个清楚。原来何权最近在对一家外贸公司做财务审计，但是，在做报表的时候，出现了很大的纰漏，让那家外贸公司损失了将近一个亿。人家怀疑是何权做假账，于是就将他告上了法庭。何山从来不相信儿子会做出这样的事情，于是，何山决定去监狱看望儿子。

“孩子，这到底是怎么回事，你能实话告诉我吗？我从来不相信你会做假账，在你刚刚涉足这个行业的时候，我就经常告诉你，诚实守信是一个财务人员绝不能少的品德。我希望你现在能诚实地告诉我。”何山一见到儿子就急切地问道。

何权看到满脸沧桑的父亲，又想起了父亲以前说过的话，不由得流下了眼泪，哽咽地说：“爸，对不起，我没有听您的话，事情都是因为我，是我一时犯了糊涂。”说着，何权告诉了父亲实情：

“我为那家外贸公司进行账目审核已经不是一次两次了，每一次，我都很认真地对待自己的工作，确切地说应该是他们的财务做得一直很好，根本没有什么纰漏。但是，就在一个星期前，我又去了他们公司。

那天，我在做账目的时候，发现他们公司在产品出口费用上和税务缴纳上都存在很大的问题。但是，我不敢告诉他们，我怕他们说我是故意找茬。所以我就决定做一次假账，在做财务报表的时候，我将那些费用全部用“虚拟”的数字填上了。我是看报表天衣无缝的时候才交给他们的，谁知道，一周之后，我就接到了法院的通知单，今天就被抓了进来。

直到我被抓进来的时候,我才知道,原来这两项的费用已经有专门人员去整理了,我需要做的就是将其他的项目进行审核。而我做的财务报表他们老板根本没有仔细看,就交给了出纳人员,一转眼,将近一亿的资金就没有了。

爸,我现在真的知道错了,我以后再也不会这样了,我一定按您教我的,不管在任何时候,都要遵守财务人员的道德——诚信。我知道,如果我当时能够实话实说,能够将具体的真实情况告诉他们,我今天就不会在这里了。都是因为我胆小怕事,害怕承担责任,我才有了谎报财务的想法。”

说完这些话,何权擦干了脸上的泪水:“事情就是这样的,我没有说谎。”

看着何权说出了真话,何山感到非常开心:“孩子,知错能改是很好的事情,只要你以后不再做假账,时刻以诚信为本,爸爸相信,你的梦想会实现的,你一定可以成为一名知名的财务工作者。”事后,何山找到了外贸公司,并将事情的原委告诉了他们,外贸公司最后终于决定给何权一次机会,让他改过自新。

诚信能够让我们获得领导的认可,获得客户的信赖。没有了诚信,我们的人生就会暗淡无光,事业将会一事无成。财务工作者做假账就是一个违背诚信的行为,就像何权一样,面对问题不能实事求是,而是用“虚拟”的数字让报表看上去更加完美。但是,最后换来的却是报表的“不完美”。不仅如此,还让自己走进了监狱,虽然别人给了改过的机会,但人生中的阴影却永远烙在了他的心上。

每个人都不希望人生留下污点,不希望成为财会工作中的“菜鸟”,更不希望成为别人的笑柄。那就要时刻保持诚信的品质,在财务工作中遇到什么事情都不能藏着掖着,要有实事求是的态度。只有这样,才不至于招致不良的后果,才能让工作更完美,为人生加分。

细心观察我们的周围,就会发现,但凡一个有所成就的员工,但凡一个著名的注册会计师,都是一个以诚信为本的人。无论做什么事情,无论面对如何繁琐的数据,他们不会退缩,不会为了讨好别人而谎报数字,更不会破坏心中的诚信。正是因为这样,他们才能在财务工作中一步步前进,让人生变得更加美好。

4

做人做事，应当“诚”字为先

很多企业在开会的时候总会强调这样一个问题“做人，做事，做行业”。财务工作者们开会的时候同样也很注重做人做事方面的道德理念，比如诚信。诚信是每一名财务工作者应当具备的职业风范，无论是做人还是做事，都要“诚”字为先。只有做人做事做到了诚信，才能够“做行业”，将工作做到精益求精。

所以说，无论你是初入职场的“菜鸟”，还是已经有所成就的会计师，都必须做到“诚”字为先。如果在和同事交往的时候，我们不能以诚相待，和同事之间的关系自然会受到影响，那么在工作中的互相合作将会不那么顺畅。

要知道，在当今这个竞争激烈的社会，没有完美的个人，只有完美的团队。财务工作也是这样，有出纳，有审计，有会计，一个环节做不好，整个工作都会受到影响。这也就要求，财务工作者在工作中相互团结，“一家人”共同努力。而要想真正发挥“一家人”的力量，财务工作者就要掌握团结的命脉——诚信。当诚信贯穿于团队的时候，大家便会团结起来，发挥各自的价值，将工作做到完美。

刚刚走出大学校门的卢珊在人才市场奔波了将近三天，终于在一家外资企业找到了工作。因为自己大学期间学的是商业会计专业，她一进公司就被安排到会计部工作，负责对账目进行后期工作，并制作相关的报表。

由于卢珊是个新人，财会部主管就安排徐静带卢珊去熟悉工作。徐静这个女孩儿很会巴结人，这次同样也是这样，在领导

的面前答应得非常爽快:“放心吧,我会帮助她的,毕竟她是新人。”

刚刚走出校门的卢珊还保留着学生时代的纯洁,听到徐静说这样的话,很是感动,每次在工作中,卢珊都会很亲切地叫徐静为“徐姐”。起初的时候,徐静还算尽心尽力,卢珊也非常用心地学习,在短短三天的时间内,卢珊就掌握了工作中的很多细节。

时间久了,卢珊更是把徐静当作自己要好的朋友,有什么不开心的都会告诉徐静,甚至连压在心底的秘密也毫不保留地告知徐静。

“徐姐,我告诉你一件事,你要答应我,绝对不告诉任何人。”卢珊天真地靠在徐静的身上,撒娇似的说道。

“你还不相信我啊?你说吧,我绝对不告诉别人。”徐静说道。

于是,卢珊将心底的秘密告诉了徐静:“我来自农村,我从来没有见过我的妈妈,因为她在我3岁的时候就离家出走了。现在家中的那个是我的后妈,她对我非常好……”就这样,卢珊将这个秘密告诉了徐静——自从卢珊上大学以来,没有人知道卢珊心中的这个隐藏了多年的秘密。

然而,令卢珊想不到的是,徐静在第二天就违背了诺言,她将这个秘密在同事间相互传播。很快,别人对卢珊的态度都变了,甚至连对她有好感的高强也“知情而退”。这件事彻底改变了卢珊,她再也不相信任何人,不仅如此,她的心中出现了复仇计划。

那天,卢珊像没事人一样找到徐静:“徐姐,这是您要的账目报销单,我给您送过来了。”徐静接过账目报销单,就让卢珊出去了。这一切看着似乎都很正常,但是,却没有一个人发现,卢珊在那些账目中做了手脚,她在电脑上弄了一些报销单,掺杂在给徐静的那些账目报销单中。

一个星期后,徐静被叫到了办公室,受到了领导的批评。不仅如此,卢珊和其他财会部的员工都受到了一定的惩罚,而这一切都是因为徐静的不诚信让卢珊记恨在心,最后才导致了这样的结果。

从这个案例中,我们可以很明显地得出这样一个道理:做人不讲诚信,会影响到工作;做事不讲诚信,同样也会影响到工作。也就是说,我们要想将工作做好,要想在工作中发挥自身的真实能力,首先要以“真实”的自己面对身边的每一位同事。

尤其是从事财务工作的员工,如果工作中大家相互之间没有诚信,那么,工作必定会受到很大的影响。就像故事中的卢珊和徐静一样,正是因为徐静不讲诚信,最后才影响了工作,让整个部门的人都跟着遭殃。

身为一名财务工作者,如果你现在还没有将同事当做良师益友一样对待,而是处处提防,不让别人知道你工作的情况;如果你现在还想着怎样欺骗领导,多休几天假,和朋友们疯狂购物;如果你现在仍然心存嫉妒之心,不能和比自己优秀的同事真诚相待;如果你现在还没有意识到诚信的重要性,并在工作中经常出现蒙混过关、保全自己的想法……

那么,从现在开始,提升自己的职业道德风范,让诚信贯穿我们的工作,甚至深入生活。要知道,对于一名财务人员来讲,没有了诚信,就没有了“道德”,没有了职业道德,就不能在工作中一展雄风。总而言之,不管在任何时候,财务工作者都要做到“诚”字为先,让“诚功”帮助你获得“成功”。

5 诚信为重:说老实话,办老实事

我们的周围存在很多不讲诚信的现象:财务工作者在工作的时候给自己找出许多的借口,对上级分配的任务总是答应得很好,最后却做不

到;同事让自己帮忙的时候,自己显得很乐意,但最后不去做,还经常在别人面前说同事的坏话;工作中总是表面上一套,私底下另一套……

殊不知,这样的做法已经让自己在领导和同事心中的良好印象大打折扣,任何一个领导都不会重用一个“不说老实话,不办老实事”的员工;任何一名财务工作者都不会和一个不讲诚信的同事交朋友;任何一个客户都不会让一个不讲诚信的财务工作者管理自己的“钱柜”……

所以说,“说老实话,办老实事”是每一名财务工作者必须具备的品质,拥有了言行一致的做人做事风格,才可能在财会领域扮演重要的角色。任何一个不讲诚信、表里不一的人都不会成为领导身边的“红人”,也不可能成为同事的“心腹”,更不可能成为客户的“得力钱柜”。

一向憨厚老实的齐俊在家休息了大半年之后,终于决定再次背起行囊,去开创自己的事业。他来到了北京,找了一个会计的工作,负责对企业的账目进行审核,必要的时候他还需要帮助出纳人员记一下日记账。工作就这样进行着,他总是显得非常低调,基本上没有人会在意他工作中的一举一动,因为他将工作完成得非常完美。

在短短两个月的时间里,齐俊的能力得到了很大的提升,很多同事都给他开玩笑:“齐俊,你以前是不是做过这个工作啊,你怎么这么厉害?”每当听到这样的话,齐俊总会笑而不语。

直到有一次,同事李欢和齐俊一起去一家大型企业审核账目,在审核的过程中,出现了一点小问题。李欢却说:“齐俊,我感觉这些问题都不重要,也损失不了多少钱,要不咱们就告诉他们,账目没有什么问题吧。”

齐俊打断李欢的话:“不行,我们必须讲诚信的。”听了这话,李欢有点不耐烦了:“什么诚信啊?只是咱们行业的客套话而已,真正做到的没有几个。”

看李欢这样,齐俊无奈,只得说了一件有关自己的事情:“你知道吗?其实,我以前做过咱们这一行,只是那个时候我不够理智,不够成熟,做错了很多事情。

那时候,我也是在一家企业财会部工作,在上岗之前,领导经常给我们上一些思想政治课,告诉我们财务人员要讲诚信,尤其是在对待工作和客户的时候，要始终保证提供信息的真实性。但是，我就是不信，甚至有了‘试试诚信’的想法。

那天，领导让我审核公司的账目，并且将日记账做好，在做日记账的时候，我心中的那个想法再次出现了。于是，我将日记账上面的数字进行了篡改，因为我不信诚信真的这么重要。

但是，一个月后，可怕的梦魇开始了。因为账目的问题，客户找到了公司，并叫来了警察，我就那样被逮到了监狱。我在的那家公司为了声誉就找人托关系将我保释出来，但是，公司将我开除了。直到那个时候，我才真正明白诚信对一名财务工作者的重要性。

事后，我就失业回家，在家里，我整整待了半年。前不久才决定‘重出江湖’，用真诚的心去面对一切，面对我的人生。”

这时候，李欢也恍然大悟，真诚地说：“齐俊，我知道怎么做了，谢谢你。”

“说老实话，办老实事”是每一名财务工作者必须具备的职业风范。如果我们工作的时候轻视诚信的重要性，为了一己之见抛弃诚信，那么，后果将不堪设想，或者是像齐俊一样丢掉原有的工作，或者失去财会领域中的立足之地。不管是什么样的结果，我们相信都不是好结果。

身为一名财务工作者，我们要坚守诚信为重的原则，不管在任何时候，不管遇到什么样的财务问题，都不能有欺骗的想法。否则，财务工作就会受到阻挠，给自己带来不必要的麻烦，甚至影响到整个财会部，让企业遭受一定的损失。而这样的结果是我们承担不起的，但凡一个有权威的会计师，但凡一个成功的会计师，都是一个“诚信为重”的人。

所以说，我们要想成为一名真正合格的会计师，要想在工作中获得一定的成就，就要让“诚信”变为一颗种子，在我们的心田生根发芽。当诚信深植心中的时候，我们就学会了“说老实话，办老实事”，成为知名的会计师也就指日可待了。

6

坚守自己心灵诚信的契约

“人无信则不立”，身为一名财务工作者，我们要想获得一定的成就，要想在财务工作中游刃有余，就要坚守心灵诚信的契约。

财务工作者每天的工作都很繁琐，这就需要财务工作者有高度认真的态度，更需要财务工作作者具备诚信的职业风范。如果一名财务工作者在工作的过程中弄虚作假，那么他在领导心中的印象就会大打折扣，迎接他的可能就是失去现有的工作；如果一名财务工作者在工作的时候，总是找不同的借口让同事帮他做事情，自己却轻松自在，那么，他就不可能受别人的欢迎。

张婕是上海市一家上市公司的财务工作者，他工作非常认真，每年都被评为优秀员工。有一次，他负责去审核一笔收付款的凭证，在审核的过程中，张婕发现这种商品的单价和合同上截然不同，整整高出了 50 元，总价差额一共是 25000 元。

遇到这样的问题，张婕也有点不知所措，看着付款凭证上的签字和印章，张婕想到了商品，于是打电话询问，得知那些商品已经全部售出，为公司赚了很大的利润。就因为这件事情，那些负责的业务员得到了公司的奖励。

但是，张婕是一名财务人员，他懂得实事求是的道理。于是，张婕及时找到了业务员，并将情况说明，要求他们提供合法的进货价格。但是，那位业务员不仅不理会，还得意洋洋地拒绝了张婕的要求：“没有什么问题，对方在签字之前就已经通过电话通知涨价的。合同也已经改了。”

听说对方是电话通知涨价的，于是，张婕就赶紧通过电话进行审核。当张婕把电话打过去的时候，对方却说：“我们的商品价格没有涨,但是你们公司的业务员却说需要 25000 元一并托收,他们已经将钱提走了。”

这样的情况是张婕第一次遇到,确实有些棘手,如果自己向负责人如实汇报,那位业务员定然不乐意,但是,自己不说,又违背了诚信守则。在思考再三之后,张婕毅然决然地向负责人做了专题汇报,事情很快得到了处理。

“唯诚可以破天下之伪,唯实可以破天下之虚。”诚信自古以来就是人们心中的心灵契约。有的人遵守了,所以他们名震天下,有的人打破了,所以他们成为了“无名小卒”:因为一个契约,蔺相如成功地完成了“完璧归赵”,留下了千古佳话;秦朝季布的“一诺千金”让他免遭祸害;宋庆龄因为遵守了心灵的诚信契约,获得了“国母”的尊称……

张婕是一个实事求是的优秀员工,身为一名财务工作者,他没有忘记心灵诚信的契约,如实地反映了情况,让问题得到了解决。这也就告诉我们,身为一名财务工作者,诚信是非常重要的,只有我们时刻做到不弄虚作假,做财务工作中的“老实人”,我们才可能在“老实”的工作中获得优异的成绩。

所以说,不管在什么时候,我们都不能违背心灵的诚信契约,要时刻做到“说老实话,做老实事”。只有这样,才能在财会工作中展现自身的最高价值,才能在财务工作中赢得立足之地。

第五章　公平公正:让公平公正成为我们的信仰

如果财务工作者没有公平公正精神,那么世界上所有的企业与组织都将覆灭。所以,对于任何一名财务工作者而言,都应该时时刻刻牢记"凡事以公为先,以正为责"这句话,在工作中公正公平,不因为自己手中掌握着财务大权就以权谋私,更不会在工作的时候处处为难别人。只有做事公道,讲求公平,才能够让自己成为一名合格的财务工作者。

1

公平公正是财务工作者追求的终极目标

财务人员是企、事业单位的“管家”，人们戏称自己单位的财务人员是“财神爷”。由此可见，财务人员的岗位尤其重要。如果一名财务人员做不到让自己的会计信息真实可靠，做不到对自己的本职工作实事求是，不能依照国家法律和财务人员工作准则进行自己的工作，那么会给国家、所属企业单位和财务人员个人都带来严重的后果。

财务岗位是一个与经济利益联系十分紧密的岗位，因而财务人员的职业操守和道德，尤其是财务工作的公平公正性显得尤为重要。财务人员信守客观公正和正义公平的精神，既是职业要求也是职业精神。

财务人员是会计活动的主要实施者，会计作为一种经济管理活动，具有核算、监督和参与经济决策的职能。因此，会计的公平公正性将直接影响企业的经济活动过程中的质量和成败。一般来说，财会人员遵守公平公正的工作原则，是指会计职业道德中的客观公正和公平正义的两项要求。

客观公正是指财务人员在工作中不仅要对所提供信息的客观真实性负有责任，更要为所提供的会计信息的使用者负责。财务人员保持客观公正的工作方式和态度就能有效地避免不公正、不正确的后果。

公平正义是指财务人员应具备的精神状态，财务人员的公平正义就是要保证所提供的信息和服务能够确保企业和相关者的利益，并使他们的利益得到妥善协调和保护，财务人员的公平正义是优秀职业精神的体现。

李楠和杨峰是同一年从某重点财经院校毕业的高材生，也是极好的朋友，从学校毕业以后相约应聘到同一家公司的财务部工作。两位自信满满的年轻人走向了职业生涯的第一份工作岗位。

李楠出生自财会世家，父母都是从事财务工作的高级财务人员，用李楠自己的话说，他之所以走上财会这条道完全是受了家庭的影响。在他还是孩子的时候，他的父亲就对他说："管账先生不容易，一只算盘一支笔，终日饱受铜臭气，恰似莲花出污泥。"小李楠当时并不明白，财会人员工作清闲，每天就是坐在办公室里写写算算，不用像工人那样天天挥汗如雨，这么好的一份职业，为什么会被父亲形容成污泥里的莲花呢？

随着年龄的增长，他渐渐了解了财会人员这份职业的其他侧面。父亲因为坚守原则，不同意利用职务之便为某些人的私欲开后门，有时候父亲的同事会找上门来骂人。每当这个时候，看似书生气十足的父亲总是义正词严，据理力争。他以为父亲一定在单位人缘不好，但是当他走进父亲的单位，看到人们对他父亲的那种尊重和敬佩的表情，他好像能理解父亲的那首打油诗的含义了。也正是这一幕情景，让他从小立志当一名能"出污泥而不染"的财会人员。

杨峰选择学财会的初衷和李楠不一样，他报志愿的时候分析了几年后的最佳职业走向，发现财会是最有前景的职业之一，可见杨峰是个极聪明的年轻人，他对自己人生有一番极其严谨的规则，他的愿景是：两年之内争取做到财务总监的职务，三年内个人积蓄要达到六位数。

如果不是财务总监的突然离职，也许杨峰和李楠会成为一辈子的朋友和同事。财务总监离职以后，公司的总经理找到李楠，平时工作认真踏实的李楠给他留下极其深刻的印象，尤其是李楠做的财会报表严谨细致，正确率也极高，根本看不出是一个刚毕业的年轻人做出来的。总经理决定让这个年轻但业务能力强的小伙子接替财务总监的职位。但是令人意外的是，一个星期以后，杨峰当了财务总监，而李楠却离开了这家公司。

原来，总经理找到李楠告之想提拔的想法，起初李楠觉得非常高兴，但是总经理后来说的一段暗示性极强的话，让他放弃了这个机会。总经理说："小李，咱公司这两年发展挺快，你知道除了咱公司业务做得好之外还有什么诀窍吗？其实说起来也简单，公司家大业大，开支花销也大。说起来前任总监是咱公司的功臣，多亏他聪明能干为咱公司省了不少税钱，如果不是他，估计咱公司也不会有今天。现在财务总监身体不太好，想移民去国外，我也没亏待他，给了他一笔数目不小的养老金，让他出国享清福去了。"

李楠听了这话，明白总经理是在暗示他做虚假账目为公司逃税。他知道前财务总监的行为不但违反了财会人员工作守则而且触犯了国家的法律。此刻，李楠高兴的感觉一扫而光，取而代之的是反感和厌恶。一个年收入近亿元的大企业，为了逃避国税竟然知法犯法，这让李楠对这家公司感觉很失望，于是毅然决然放弃财务总监的职位，递交辞呈离开了公司。李楠的举动得到了父母的支持和称赞，夸他守住了财会人员的正义和公平。

然而杨峰就不同了，李楠离开以后，总经理又找到杨峰说了同样的话，杨峰也知道如果接受财务总监的职位意味着要放弃财会人员的职业道德，但是他更想完成个人积蓄达六位数的愿望，于是不顾李楠的再三劝阻接受了总经理的任命。

在这之后，李楠凭借着自己不错的职业技能又找到一家新的单位，在这家遵规守纪的新单位里，李楠不但用出色的工作赢得了领导的信任，而且还利用自己学到的财会知识为公司的发展出谋划策，为公司策划了几项收益很好的投资项目，没几年便被提拔成公司的副总经理。而杨峰却在国家严厉打击经济犯罪的风暴中惶惶不可终日，担心不定哪天东窗事发，自己就会身陷囹圄。

通过以上案例我们可以看出，财务人员良好的职业道德是职业生涯的生命线，而维持职业公平公正的原则，不仅是财务人员的职业要求，更是财务人员追求的终极目标。对于公平公正的这项职业操守来讲，国家并没有硬性的指标来进行考评和衡量，但是遵守职业准则，遵守国家有关

法规的规定却是财会人员公开的、明确的行为准则。财会人员的思想意识和心理活动是无法进行硬性考评的,但是我们财会人员的职业行为却能反映出自己的职业道德水平。因此,为了维护财会人员公平公正的职业操守,我们应该在工作中注意以下几个方面:

(1)**遵纪守法,依法办事。**依法办事是财会人员保持公平公正的前提条件。当财会人员的工作陷入利益冲突或者面对复杂的经济业务时,只有熟悉掌握国家有关规定和各项职业守则的内容,并依照这些法规和守则作出相应的行为,才能维护财会工作的公平公正。

(2)**实事求是,不藏私心。**财会人员在工作中尤其在进行职业判断的时候会涉及多方的利益,在处理复杂关系时,绝不能用模糊不清的态度和方式来息事宁人,一定要不偏不倚地面对利益各方,保持公正的态度。

(3)**保持独立,清醒的判断。**财务人员直接参与单位的资金管理,所以对资金有一定的操控权。因此要时刻保持独立清醒的判断力,杜绝日常工作中的疏忽,避免为违法人员制造可乘之机。同时,财会人员在面对经济利益的诱惑时,也应该保持冷静、理智的心态,加固自己的心理防线,维护财会工作的公平公正。

良好的职业道德是会计人员职业生涯的护航剑,是单位财务工作的驱动力,所以要常抓不懈。作为财务工作者要以维护财会工作的公平公正为己任,提醒自己时刻遵守法纪,只有这样我们的职业才能得到进一步发展。

2 提供真实完整的会计信息

在日常工作中,我们常常会听到很多企业的负责人抱怨:“这个月的资金流又紧张了,很多的钱都被透支了,可是我们都不知道钱花到哪里去了。”可以说,这样的人根本不适合管理公司,或者他们根本就没有找到一个好的会计!但是,最为根本的原因就是,该公司的财务部门没有提供真实完整的会计信息,导致企业领导作出了错误的判断,从而使得企业资金流趋于紧张。

真实性和完整性是会计信息的生命。会计信息如果缺乏真实性,就会削弱会计信息的相关性和有效性。会计信息是决策者进行决策的重要依据之一,会计信息的真实性是保证信息使用者做出正确决策的基本前提和条件。会计信息的完整性直接关系到决策者的决策及其后果。由于各种原因,目前世界各国都存在十分严重的会计信息失真问题,在我国,会计信息如果缺乏真实性和完整性将会造成国有资产严重流失、社会交易费用高昂,影响会计信息使用者的正确决策,进而在宏观上影响国民经济的运行秩序和发展。

成立于1995年的江南某集团公司,是一家在国内拥有相当知名度的民营企业,随着近些年国内经济形势发展,这家公司的规模也逐渐壮大,于2001年发展成下设五家分公司的大型集团公司。家大业大,财务管理就成了大问题,一直以来,这家集团公司实行独立核算的企业报表汇编制度。2003年末,根据合并报表反映出的该集团资产总计为:45,382万元、负债总计27,296万元、所有者权益18,086万元、利润总额217万元。当年会计报表未经社会中介机构审计。但同年对该集团进行财政调查发现:该集团实际资产为20,098万元、负债为15,667万元、所有者权益为4,431万元、利润总额为负3,271万元。资产、负债、所有者权益分别虚增了126%、74%、308%,利润虚增达3,488万元。

上述结果说明,这家集团公司存在着严重的虚报产值情况,显露出财务管理混乱、会计信息严重失真、会计核算不规范、基础工作不到位等现象。因此,这家公司要扭转当前困局的最好做法就是重新改组财务部门,招募优秀的财务人才,同时以规范的财务流程来让企业走出困境。

法尔莫公司是位于美国俄亥俄州的一家连锁药店。法尔莫的创始人莫纳斯为了迅速建立起他的药品销售王国,通过大比例折扣的方式来销售商品,在药店的报表上添加并不存在的货存和利润。在十年间,他制造了5亿美元的虚假利润,并从一家小药店迅速发展到全国300余家连锁药店。为了应付审计公司的检查,他指示公司财务人员提前在进行审核的分药店准备好药品库存,并同时虚构会计信息。

莫纳斯为了满足自己极度膨胀的欲望,利用低于成本出售商品的扩张方式经营自己的公司,将所有的损失归入一个"水桶账户",然后再将该账户的金额通过虚增存货的方式重新分配到公司的数百家成员药店中。他们仿造购货发票、制造增加存货并减少销售成本的虚假记账凭证、确认购货却不同时确认负债、多计或加倍计算存货的数量。虽然莫纳斯的把戏历经十年未被揭穿,但是建立在虚假利润基础上的"业绩"毕竟掩盖不住他资不抵债的事实。

当一切水落石出之后,莫纳斯破产了,并且付出了5年刑期的惨痛代价,而为了制造虚假账目,为审计部门提供虚假会计信息的财务总监也面临着33个月的刑期处罚。这就是震惊世界的"法尔莫"案件。

随着经济飞速发展,企业经营者为了满足自己的私利,利用财务人员制造虚假会计信息的案例也逐年增多,会计信息失真的现象也渐渐成为国内外关注的热点问题。以上案例正是说明了由于财务人员未向有关部门提供真实完整的会计信息而造成严重后果的经过。

事实上,近些年来发生在我国的此类案件还很多,比如:"亿安科技案"、"琼民源案"、"红光实业案"、"猴王案"、"郑百文案"、"银广夏案"、"麦科特案"以及"江苏琼花事件"等等。每一个信息造假的企业背后都有一批不能信守公平诚信原则的财务人员为其充当帮凶。由于会计信息失真,会计报告的数据不具真实可靠性,使得企业的财务报告不能正确反映真实的经营活动情况,不仅会影响企业的正常经济运营,导致投资决策失误,严重的还会影响到整个国民经济的正常运行,带来经济秩序混乱的严重后果。不仅如此,提供虚假会计信息的财务人员自身的生活也会受到极大的影响。

造成财务人员提供会计信息失真的原因很多,总体分析来看存在以下几方面原因:财务人员职业道德低下,知法犯法,采用欺骗性手段进行了会计处理;财务人员不熟悉新的会计法规,对相关概念难以准确界定,为不法人员提供“可乘之机”;财务人员自身业务素质不高,发生专业判断失误或者计算操作错误等等。针对以上原因,财会人员应该在工作中注意以下几个方面促进会计信息的真实和完整性:

(1)强化自身的职业道德观念。

财务人员应该牢固树立“诚信为本,操守为重,坚持准则,不做假账”的行业诚信理念。严守财务人员诚信为本、信誉至上的从业原则,建立积极向上的价值观念,杜绝私利诱惑。立足于爱岗敬业、服务群众、奉献社会的职业态度,用健康的职业道德对自己进行有效地约束和规范。

(2)不断提高自己的业务水平。

财务人员的工作是一项严谨细致的工作,需要对工作“勤学多思,勤问多练”才能熟练掌握工作中的各项内容,在工作中还应该保持不断学习的精神,加快知识更新的步伐,适应财会工作中的新观念和新法规。还应该创造条件接受业务培训,使自己具备扎实的业务理论基础和丰富的工作实践经验。

(3)熟练掌握各项法规和准则内容。

财务人员应该熟悉和掌握国家有关法律、法规的内容,在此基础上认真研究相关专业制度和守则的详细内容,并在工作中落实各项法规内容。尤其应该牢记有关会计信息的五项禁令:禁止歪曲公司、企业的财务状况;禁止操纵收入确认;禁止随意变更费用、成本的确认与计量;禁止随意改变利润的计算和分配方法;禁止有违反国家统一的会计制度规定的其他行为。

3 公平公正可以用来衡量财会人员的道德品质

在那些有财务人员参与的经济类案件中,我们发现涉案的财务人员的职业技能水平往往并不低,虚假账目甚至能够以假乱真,轻易从审计人员的眼皮底下溜过去。随着会计信息失真而引起的公众关注的经济类案件不断增加,财务人员知法犯法,利用职务之便,贪一己之私为侵害公众利益的违法行为"保驾护航"的情况也越来越多,人们对会计公正提出了质疑同时也更多地关注财会人员的道德品质问题。

当一份份缺失公平公正性的虚假会计信息被公布于众的同时,财务人员们吸取教训努力工作的同时,也在拷问自己的职业道德底线究竟在哪里。公平公正,一直以来被财会行业奉告为职业道德准则。当职业技能低不再是财务人员失职的关键因素,缺失公正廉明原则的道德问题就成了财务人员纷纷"落马"的"绊马索"。从另一方面来说,财务人员能否公平公正地进行工作是衡量他们道德品质的一项标准。

对财会人员来说,公平公正的职业道德是仅次于法律法规的另一条行为准绳。脱离职业道德约束、缺失公平公正原则的财会人员,其职业行为就像在悬崖峭壁上舞蹈一样岌岌可危。

会计工作常常面临许多复杂的关系和背景,处在各方利益交叉的中心。财务人员可以直接参与资金的管理工作,甚至掌握资金的控制和分配权利,所以一旦缺乏会计公正,那么就会使参与经济活动的各方利益受损。近年来,"科龙电器"、"三普药业"、"安达信"等国内外一系列会计造假案说明会计人员职业道德缺失仍是一个严重的问题,在如此严峻的形势中,人们迫切呼唤公平公正的原则重新回到财会行业中来。

直到李新林站在监狱的大门口,他才想起一个词叫"会计公

正”,然而现在想起来这个词已经太晚了。他不断问自己是从什么时候开始变了,他回忆起8年以前的那张年度报表,和董事长递到他手里的20万元现金。

8年前李新林的生活平静温馨,除了上班、下班之外,他最喜欢做的事情就是和一群邻居打扑克。在公司当会计的李新林平常工作不太忙,就是到月底、年底做报表的时候会加班。一个月工资虽然不太多,但是他觉得挺满足的。

然而这样的平静生活却被董事长的一次工作谈话打断了。原来公司决定要上市了,但是证监会要对公司近三年来的业绩进行审核,如果公司业绩在三年间不是持续增长是不具备上市资格的。于是董事长找李新林来帮助解决这个问题,并承诺给他一笔钱。董事长的意思很明显,就是要李新林做假账,伪造这三年的会计信息。

董事长和李新林的第一次谈话并不顺利,李新林想都没想就拒绝了董事长的要求。在他看来作为一名会计人员,如果替公司做假账,伪造上市条件,那就是害人害己的事儿。万一以后出了事,他可负不了那份责任。

当董事长第二次找到李新林的时候,给他开出的条件优厚了很多,除了二十万元现金以外还提升他当公司的财务总监。李新林对权和钱并不感兴趣,但是当董事长说出了第三个条件的时候,李新林犹豫了。原来董事长的第三个条件是公司出面替李新林的儿子办理出国留学手续,留学期间一切费用由公司负担。

李新林经过两天的思考,和家人商量过之后决定答应董事长的要求。于是李新林背离会计公正原则的第一步从此迈出去了。他哪里知道这条路是条不归路,只要迈出第一步就很难再回头了。

人常说:当你说了第一个谎言,就陷入了一个谎言怪圈,因为你以后要不断说更多的谎言来圆你说的第一个谎言。李新林也是这样,从他为公司做了第一次假账之后,每年都要伪造年度报表来应付审计检查,除此之外为了能让公司筹措到更多的资

金，公司需要更有知名度，扩大股市影响，他还需要不断为公司假造赢利会计信息，事实上公司真实经营状况早就连年亏损了。李新林也想停下手来，他担心有一天会面对法律的制裁，可是每当他向董事长说出这样的想法，董事长就以断绝给他在国外的儿子生活费来威胁他继续做下去。

就这样，明知道是错的事情，李新林也只能一错再错下去。慢慢地，他也能坦然地收下公司给他的好处费，更能坦然面对那些股东，甚至有些小股东还是和他一起打过扑克的邻居好友。当道德不能约束住一个人的贪念的时候，公平和正义在他的心里也早已荡然无存了。

就在公司上市的第8年，公司终于走到了资不抵债的尽头。股市神话被打破了，近千家投资李新林公司股票的小公司也受到极大的打击，濒临倒闭边缘。李新林平静的生活和自由也没有了。李新林和公司的主要负责人也面临着法律的制裁。

从李新林的经历中，我们看到私利是让李新林违背会计信息公正的主要原因，如果他能在诱惑面前不低下头，可能李新林会一直过着平静而温馨的日子。其实，造成财会人员失职，有管理不到位的原因，有制度不严密的问题，但就财会人员的自身寻找造成他们摒弃公平公正原则，丧失道德底线的原因主要有以下几点：

(1)财会人员道德观念淡漠。损人利己是最常见的不道德行为，人们在日常生活中对于那些为了自己的私利而牺牲多数人利益的人们都会给予缺乏道德的评价。财会人员的道德观念与公平公正原则是一对相辅相成的关系组合，财务人员的道德观念越强，他的财会工作公正公平性也越强，反之亦然。一些会计人员本身的素质较低，责任心不强，工作中墨守成规、不求上进、缺乏进取精神，不能与时俱进地开展工作，影响了企业财务水平和经济效益。还有些会计人员缺乏必要的职业道德教育，法制观念淡薄，缺乏爱岗敬业和公平公正精神，工作中不能够廉洁自律、实事求是、客观公正地办理经济事务，为了自身的利益提供虚假会计信息，甚至一些会计人员，利用职务之便监守自盗，最终走上犯罪道路。

(2)屈服于领导的压力被动造假。在目前经济社会中，单位负责人对会计人员的工作拥有绝对的领导权和管理权，一些企业负责人为了个人利益往往会向会计人员施加压力，而一些会计人员为了迎合领导只能违背职业道德而造假。

(3)**缺乏良好的会计从业环境。**会计人员的工作不仅在会计领域，更在社会大环境中，其职业道德不可避免地受到社会各种不良因素的影响。

我们说：找到问题的源头就可以找到解决问题的办法，对于财会人员不能信守公平公正原则，而造成道德品质低下的问题也是这样，财会人员根据以上提到的几点原因，对照自己的实际情况，在工作中有则改之，就能起到很好的警觉和预防作用。

4 坚持准则，社会利益放在第一位

俗话说："无规矩不成方圆。"人们无论从事哪种职业，无论身处哪个岗位，都应该遵守相关的法律制度和准则规范来进行工作。我们所说的准则不单指会计准则，还包括会计法律法规、会计准则、会计制度等相关法制制度。

坚持准则是职业道德观的核心。坚持准则要求会计人员在处理业务时严格按照会计法律制度办事，不为主观或他人意志左右。

会计人员应当熟悉和掌握准则的具体内容，并在会计核算中认真执行，为政府、企业、单位和其他有关当事人提供真实、完整的会计信息。会计人员在进行核算和监督的过程中要依法办事，坚持准则。

现实生活中经常会出现单位、社会公众和国家利益发生冲突的情况，面对这种情况财务人员应作出判断，坚持准则，把社会利益放在第一位。依法办事，这是财会人员的工作准则，也是每位公民的责任和义务。

王遵是1993年毕业于某国际工商学院的MBA，虽然他曾

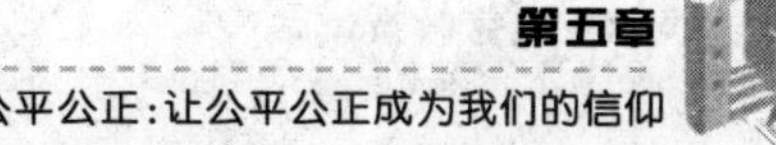

任职过深圳某著名企业的副总经理，但仍没有忘掉坚持会计准则是他作为一名财会工作人员的基本职业要求。1998年，王遵应聘到一家在国内颇有声望的生物化学集团任副总经理，同时还带去了自己的副手任该集团的财务总监。

此时集团公司正在忙于上市的前期准备工作中，而且为了增加自己的实力引入外资，也频繁与有实力的外商进行洽商合作。来到新岗位不久，财务总监就发现该集团为了吸引外资，制作假账目扩大交易量，制造虚假收入，将营业额2110万做成1.6亿，伪造近1.4亿元销售额，以此骗得外商的投资。

这个情况被财务总监发现以后，马上向时任副总的王遵报告。站在王遵的立场，一边是自己的公司老板，另一边是不知内情的外商，要如何选择成了他头疼的事情。王遵所在的集团公司是一家民营企业，企业老板从一位农民到一位在国内享有盛誉的集团公司老板都是从白手起家，一点一点打拼出来的，王遵对老板的为人非常敬佩。如果王遵在这个时候坚守财务人员准则去揭发公司虚假账目的问题，无疑是把老板逼上绝路。

王遵再三思考，他认定作为一名财务工作者，如果不能秉承公平正义、诚信负责的准则，非但会给外商造成损失，给国家声誉造成损失，而且公司一旦上市既成事实，就等于把公司推向再无翻身可能的绝境。如果现在制止，公司经过整顿还可以有一线生机。想到这里，他拨通了外商洽谈代理人的电话，把公司实际经营情况通报给他。

事后，老板非常愤怒，眼看要谈成的外商合作就这样成了泡影，老板非常不甘心，于是他指使在公司财务部工作的亲信制造假证据指证王遵和财务总监利用职务之便侵吞公款。虽然最后法律还了王遵清白，但这件事情还是在当地引起了不小的反响。有人说王遵忘恩负义，与老板私交那么好，平时亲密如同朋友，但是背后捅刀；也有人说王遵做得对，如果财务人员不能坚持准则，那么损失的将是国家和社会公众的利益。

法不容情，站在国家法律法规和朋友人情的面前进行选择，对每个人来说都不是件容易的事情，毕竟我们生活的环境中离不开亲朋好友，然而王遵用自己严守准则的行动替每个财会人员做了表率。作为财会人员，只有在工作中把社会公众的利益放在第一位，坚持准则才能维护国家法律和法规的尊严，也才能维护自己的职业道德尊严。

在遇到几方利益冲突的复杂局面时，财会人员如何坚持准则？国际会计师联合会发布的《职业会计师道德守则》提出了如下建议：

(1)如遇到严重的职业道德问题时，职业会计师首先应遵循所在组织的已有政策加以解决；如果这些政策不能解决道德冲突，则可私下向独立的咨询师或会计职业团体寻求建议，以便采取可能的行动步骤。

(2)若自己无法独立解决，可与最直接的上级一起研究解决这种冲突的办法。

(3)若仍无法解决，则在通知直接上级的情况下，可请教更高一级的管理层。若有迹象表明，上级已卷入这种冲突，职业会计师必须和更高一级的管理当局商讨该问题。

(4)如果在经过内部所有各级审议之后道德冲突仍然存在，那么对于如舞弊这样一些重大问题，职业会计师可能没有其他选择。作为最后手段，他只能诉诸辞职，并向该组织的适当代表提交一份信息备忘录。

国际会计师联合会发布的《职业会计师道德守则》中提出的发生道德冲突时的解决途径值得借鉴。我国会计人员如果遇到道德冲突时，首先要对发生的事件做出“是”、“非”判断，如涉及严重的道德冲突时，应维护国家和社会公众利益。

财会人员在工作中应达到：熟悉准则、遵循准则和坚持准则的要求。熟悉掌握《会计法》和相关会计法律和制度是坚持准则的前提条件，不知道准则的内容就谈不上坚持准则。遵循准则是指财会人员在工作中落实准则的各项内容，也是执行准则的具体过程。在实际工作中通过运用所掌握的会计专业理论和技能作出客观的判断，对经济业务进行妥善处理。坚持准则是强调财会人员在工作中，排除各种因素的影响，坚持原则，保证会计信息的真实性和完整性。

第六章　服从领导：视服从为天职的财务工作者最可爱

曾经有人提出这样的问题：什么样的员工最可爱？答案五花八门，最后总结出了一个最为恰当的答案——懂得服从的员工最可爱。服从是每一名员工的天职，有了服从，我们才能更有职业精神，将工作做到至善至美。对于财务工作者来讲亦是如此，工作中除了会“服从”，也要切记不能“盲从”——财务工作者在懂得服从领导安排之时，更应该坚持原则，不违法乱纪，做一个懂得服从领导的优秀财务工作者。

1

服从领导是员工的天职

身为一名财会工作者，每天要和数字、金钱打交道，这不仅要求我们具备高度认真的工作态度，更重要的是要求我们时刻服从领导——服从领导的安排，服从领导的分配。因为服从是每一名员工的天职——有了服从，才能更好地执行；有了服从，才能体现团队的力量；有了服从，才能让工作环环相扣，做精做好。

身为员工的我们，同样也要将服从当作自身的天职。每一名财务人员都希望将财务工作做到精益求精，都希望在众多财会工作者中胜人一筹、脱颖而出，那么，就要时刻懂得服从领导。

然而，在工作中我们却经常看到这样的现象：有的人因为不服从领导的吩咐最后没有完成工作，或者没有将工作做好；有的人因为不服从领导的安排，和领导发生争执，最后迎来了被“炒鱿鱼”的结果。

无可厚非，每个人都有自己的思想，都不想听从任何人的安排，在别人指责自己，或者让自己去做不想做的事情时，心中难免会出现不良的情绪。但是，身为财务工作者，我们一定要清楚一点，领导的经验相对来说比较丰富，领导的看法总是会从全局出发。只有我们服从领导的安排，工作的大方向才不会出错，工作中精益求精的系数才会增加。

很小的时候，余文娟就开始背负着父母的梦想——成为一名救死扶伤的医生。然而，在余文娟的心中却埋伏着自己真正的梦想，她想成为有名的会计师。这个梦想一次次在她的心中蠕动，终于，她决定背弃父母的愿望，追寻自己的梦想。

经过十几年的寒窗苦读,余文娟终于踏上了人人羡慕的大学独木桥,在选择专业的时候,她瞒着父母选择了工业会计专业。虽然于文娟心中有"不孝女"的感觉,但更多的是快感——她终于可以跟随心的脚步,追寻自己的梦想。

时间如流水,四年的大学生活结束后,余文娟来到了梦想中的北京,毅然决然地踏上了自己的"会计生涯"。奔波了数天之后,她终于在一家会计事务所就职,工作之初虽然有些单调,但余文娟心中的梦却依旧存在,她认真地完成自己的工作。在短短半年的时间里,她就通过了两次职称考试。

然而,好景不长,因为余文娟从小就因叛逆背弃父母的愿望,工作之后,这一点依然非常明显。当别人指出她的错误,告诉她某件事情不能这样做的时候,她就会大发雷霆,对别人进行一顿严厉的"批斗"——就算是领导,她也敢毫不拘束地"发威"。正是因为这一点,余文娟在事务所几乎没有什么朋友,陪伴她的只是那些算不完的数据和复印纸。

有一次,审计部的领导找到她,很严肃地告诉她:"小余,这星期咱们事务所要去沈阳一家小型企业审核账目,我想让你去,你感觉如何?"

听说这周让自己去沈阳,余文娟心里很不爽,因为她刚刚和朋友约好周五去北京香山看红叶。于是,她理直气壮地说:"我不想去,我这周还有事情呢。"

审计部领导知道余文娟一向的态度,早就想整治一下她了,便不甘示弱地说:"让你去你就去,这是部门的决定,是领导的安排,你必须服从。行了,你去收拾一下,准备明天出发吧。"

一向我行我素的余文娟这次吃了一个下马威,着实没有反应过来,只好灰溜溜地出去了。那天,于文娟回到家,越想越生气,最后决定不去沈阳。第二天,余文娟将手机关机,不去事务所,领导找不到她,同事联系不上她。下午的时候,沈阳的公司就打电话来问怎么还不派人过去,无奈之下,领导只好另外找人去。

当余文娟"凯旋归来"的时候,她满脸笑容,好像什么事情都没有发生一样，但是，当“辞退信”交到她手中的时候，她惊呆了。

相信大家心知肚明，为什么余文娟最后被辞退？是因为她在工作中不仅不听取同事的建议，更过分的是她违背了领导的指令，不服从领导的安排。这也就告诉我们，作为一名员工，作为一名财务工作者，要懂得服从领导，即使自己有什么不同的见解，也要保持良好的心态，先肯定领导的安排，然后再提出自己的看法。如果像案例中的余文娟那样，不懂得服从，那么，最后也只会迎来一封“辞退信”。

服从是每一名员工的天职，财务工作者只有学会了服从领导，才可能服从公司，跟随企业发展的方向展现自身的才华，获得更大的成就。过分的“叛逆”只会让自己摔得很惨，只会让工作一塌糊涂，最后迎来的就是失败。

尤其是在竞争激烈的当今社会，无论从事什么样的职业，只有学会了服从，才能在工作中展现自身的“不凡”。财务工作者只有学会服从，才能保证工作的顺利进行，才能保证工作的精确度，减少工作中的失误。

2

将服从视为一种责任

美国西点军校自建校以来培养了很多优秀的领导人才，它被人们称作“领导的摇篮”。任何一个进入这所学校的学员，都必须接受该校的第一堂“军课”——教他们如何服从，告诉他们服从是一种责任。

相信很多人都知道，对于一名军人来讲，他的天职是服从。其实，对于一名财务工作者来讲，服从同样是一种天职。财务工作者在工作的过程中，一定要将服从当作责任，并用自己的实际行动落实责任。只有这样，才能够凝聚更多的力量，将所有的工作做好。就像一个知名人士说的

一样:“一个人的成功和失败,取决于这个人是否学会了真正的服从。”

每个人都有自己的个性,都希望在工作中发挥自身的才干。但是,财会人员在工作的过程中定然不能忘记所有职业的一个同性,那就是时刻懂得服从。因为服从对于每一名财务工作者来讲,都是一种不可推卸的责任,要想将工作做好,要想在工作中获得成就,首先就要认真落实责任——将服从进行到底。

我们可以试想一下,作为一名财务工作者,领导让你去这家公司审核账目,你却去另外一家公司;公司让你今天将财务报表写完并交上去,你却偏偏等到下周再做;领导让你对这个月的财务收支进行核算,并为下个月的收支做预算,你偏偏将这个工作搁浅,去忙活其他的事情。

那么,你感觉你可以将工作做好吗?你能够在这个公司施展自身的能力,并得到提升吗?答案是否定的,任何一个不懂得服从的财务工作者,任何一个“让你往东你往西”的财务工作者,都不可能在财务领域立足。

钱晓涵独自一人坐在写字台前,看着窗外飘零的树叶,她开始悲叹:人生,究竟有多少无可奈何?转眼看看桌上鱼缸中的金鱼,它们欢快地摆动着尾巴,自由自在。这不禁让钱晓涵想到了半年前的自己。

那时候,钱晓涵追寻自己的梦想,在一家大型企业谋到了一个职位,负责对每个月的账目进行审核和统计,简单说来,她负责的就是公司的审计工作。但是,她在这个岗位却只停留了三个月,起初满心的憧憬化为泡沫,心中的梦想犹如“破镜”,再也无法“重圆”。这一切都是因为钱晓涵在工作的过程中不懂得服从,一味的一意孤行将她推向了人生的低谷。

那时候,钱晓涵入职已经两个多月了,这两个月以来,她的工作马马虎虎,但还算过得去。唯一让公司领导头疼的是,她的每一项工作都不能按时完成,每一次分配任务的时候,钱晓涵都会“发表见解”。已经有很多次了,领导说让钱晓涵去别家公司进行审核,她总会找各种理由推辞,最后领导只能找别人;领导让她将财务报表送到经理办公室,她却好像没有听到一样,只管做手头的工作,最后领导只好另派他人。

就在工作后的第三个月，钱晓涵再次接到领导的命令："你现在马上去与我们合作的建华材料厂，将他们的账目进行严密的审核，记住，我说的是必须。"

但是，领导的"必须"在钱晓涵的眼中不过是"过眼烟云"，想做就做，不想做就放着。这一次，钱晓涵仍旧采取了"不想做就放着"的不负责任的方法。直到三天后，领导向她要审计结果的时候，她才支支吾吾说自己没去。也就是这一次，钱晓涵失业了，离开了"梦想的舞台"。

起初的时候，钱晓涵抱着"此处不留爷，自有留爷处"的想法，并没有沉浸在失业的痛苦中，很快进入了下一个寻梦计划。她每天去人才市场奔波，寻找属于自己的舞台。她确实找了几家不错的公司，但最后都因为自己不懂得服从被辞退，在即将离开岗位的时候，领导送了她一句话："小姑娘，身为财务人员，身为员工，服从是一种责任，没有责任怎能干成大事？也就是说没有服从，就不能做大事。"

现在想来，那句话真的很有道理，钱晓涵看着窗外的落叶忍不住笑了，但是，在这笑容的背后却隐藏着眼泪。

任何一个不懂得服从的人都是不负责任的人，尤其是对整天和数据、金钱打交道的财务工作者来讲，一丁点的不服从都会导致大的损失，一丁点的不负责任就会让自身遭受惨痛的教训。

就像钱晓涵一样，她的行为就是一种不负责任的表现，对公司不负责任，对工作不负责任，更重要的是对自己不负责任。身为财务人员，我们一定不能效仿钱晓涵，也不能"继承"她的做法，那样只会让我们一败涂地，让我们在财务领域失去立足之地。

由此可见，如果你想成为一名"可爱"的财务工作者，如果你想将工作做好，那么，从此刻起，负起责任吧，让自己学会服从。不过要想做到真正的服从，财务工作者就要经历一番"寒彻骨"，练就成为懂得服从的财会人员。

(1)不找任何借口完成应该做的事情。

财务工作者是公司的执行者，只有将执行做到位，不遗余力地将分内工作做好，才可能有好的结果。任何公司对员工的要求都是"以成败论英雄”，没有结果的行为永远不会受人关注，更不会得到别人的认可。

所以说，财会人员在工作的过程中，要时刻服从领导的安排，不要对领导的战略和分配评头论足。只有这样，才可能保证工作的至善至美。

(2)感恩之心，让你学会服从。

公司给了我们施展才华的平台，给了我们实现梦想的机会，所以我们要学会感恩，抱着一颗感恩的心去工作。当我们真正具备了感恩的心的时候，我们就会严于律己，不再抱怨公司的福利微薄，不再抱怨领导的要求苛刻。由此一来，我们就学会了服从，有了服从，成功也就指日可待了。

3 服从是热爱本职工作的体现

世界上从来没有无缘无故就会得到的利益，无论做什么事情，都要专心致志地去做，但凡见异思迁只会一无所获。我们身为财务工作者，同样也要做到专心致志，一心一意热爱自己的本职工作——只有一个热爱本职工作的员工才能在工作中登峰造极。

那么，你热爱你的本职工作吗？针对这样的问题，相信很多人都会毫不犹豫地给予肯定的答案。其实，热不热爱自己的工作并不是用嘴巴去说的，而要用实际行动去证明，只有做到了，才能彰显自己对工作的热爱。

中国有句古话：旁观者清，当局者迷。那么，身为一名财会人员，怎样做才算热爱自己的本职工作呢？怎样做才能彰显自身的“忠诚”呢？答案很简单，那就是服从——服从永远是财务工作者热爱本职工作的体现。

或许有人对“服从是热爱本职工作的体现”这个概念不容易理解，其实，这个道理很简单：众所周知，服从是财务工作者的天职，是财务工作者负责任的表现，只有做到了服从，才可能承担起责任，才可能完成自身的

“使命”,财会人员只有完成了使命,将工作做好了,才称得上热爱本职工作。

在年末评选“最热爱工作的员工”活动中,范倩再次获得了“桂冠”,当领导问她有什么感触的时候,她有点羞涩地说:“其实,也没有什么,我只不过是时刻要求自己把工作做好,完成应该完成的事情。”

其实,范倩是一个很平凡的女人,因为家境贫寒,她19岁就出门打工,挣钱养家糊口。但是,一心想涉足会计行业的她始终没有放弃自己的梦想,在打工期间,她利用晚上的时间学习。三年下来,她终于拿到了会计证,并且通过了初级和中级的职称考试。当她拿到证书的时候,她决定结束自己以前的打工生涯,踏上一条寻梦之路。

正是心中的梦想指引着范倩,让这个平凡的女人在平凡的岗位上做出了非凡的成就。

还记得那是在2007年的冬天,公司有一批账目需要尽快审核,并将年终的财务报表制作完成,估计这个工作需要一周左右才能完成。当时会计部的员工都纷纷抱怨领导的不近人情:马上就要过年了,干吗还分配这样重大的任务?对于这项工作,很多人都表示不情不愿。最后,财会部的领导只好找一向工作认真的范倩:“范倩,话呢,我也不多说了,我只想问你,如果我把这项工作交给你,你会接受吗?”

范倩和其他的同事一样,都想在过年之前轻松一下,都想以好的精神面貌回家过年。但是,范倩心中却从来不跨越“防线”:对领导分配的工作无怨无悔地完成。所以,她欣然接受了,当别人说她完全可以推辞,没有必要接的时候,她笑笑说:“没事,反正都是要工作,再说了,这是领导分配的工作,我必须服从。”

在接下来的一周里,范倩非常忙,因为自己还没有做过这样重要的工作,生怕在工作中出现失误。所以,她不敢有任何马虎,每天在公司将财务账目进行审核和统计之后,晚上回家自己还会进行第二次审核,确保无误之后她才会休息。当别人说她没有必要这样卖命的时候,她还是笑笑,沉默不语。

众所周知,当你热爱一项工作的时候,你才可能尽职尽责去完成,如果你不热爱自己的工作,在工作的过程中定然会因为一些小事,影响自己的情绪,工作自然就会受到很大的影响。总而言之,热爱本职工作的人才可能全身心地对待工作,将工作做好,而热爱本职工作的最佳体现就是服从。

范倩就是一个热爱本职工作的财务工作者,因为她懂得服从领导的安排,她虽然只是一个平凡的女人,却懂得身为财会人员的天职是服从。也是“服从”让她获得了最后的“勋章”,得到了别人的认可。所以说,身为财务工作者的我们,也要学习范倩,认真对待自己的工作,更重要的是,服从领导的安排。这样做不仅是热爱本职工作的表现,更是对自己、对公司负责任的表现。

总而言之,身为一名财会人员,要想证明自己热爱本职工作,要想在财务领域打造自身的奇迹,首先就要学会服从。有了服从,才能在密密麻麻的数字面前保持清醒的头脑;有了服从,才能在工作中展示才华,实现自身的梦想;有了服从,才能保证“丁是丁卯是卯”,让自己的工作精益求精。

4

养成自觉服从的良好习惯

人们常说:一个好的习惯可以成就一个人,一个坏的习惯可以毁掉一个人。所以说,不论你现在从事什么样的工作,都要养成好的习惯,让好的习惯成为你工作中的助推器。当然,从事财会工作的我们,同样也要养成一种良好的习惯。

细心观察我们的周围你就会发现,但凡有所成就的“会计人”,都是懂得服从的人。在他们的工作中,服从已经成为一种习惯,只要是领导分配的工作,他们就会毫无怨言地去完成。正是这种每一个财会人员必备的"服从精神",让他们获得了最后的成就:服从不仅让他们在工作中如日中天,还让他们获得了升迁的机会。

师傅带着徒弟穿越沙漠,途中他们发现了一块破烂的马蹄铁,师傅便说:"孩子,你去把那个马蹄铁捡起来。"

徒弟心想:"一个破烂的马蹄铁有什么用?我现在已经这么累了,才懒得去捡呢。"于是,他装作没有听到,师傅只好自己捡起,继续前行。最后师傅用破烂的马蹄铁换了20颗葡萄,在前行的过程中,徒弟口渴难耐,希望师傅给自己几颗葡萄解渴。师傅见状,便一边走,一边将葡萄一颗一颗地扔在地上,徒弟就一颗颗捡。最后徒弟大怒:"你耍我吗?怎么不一起给我,要我弯腰这么多次去捡?"

师傅笑笑:"谁让你当初不捡?如果你听了我的话,现在就不需多次弯腰了。"

很多时候,服从并不是坏事,而是一种良好的风范。就像故事中的徒弟一样,正是因为他不懂得服从,最后才招致不必要的麻烦。如果他当初听取师傅的话,捡起马蹄铁,那么,葡萄或许就在他的手中了。

我们从事财会工作同样也是这样,要想减少不必要的麻烦,要想将工作做好,就要学会服从领导的安排,并让服从成为工作中的一种习惯。当这种习惯养成的时候,财务工作者就会自觉服从领导的安排,有了服从,工作做好的概率就大大提高了。

身为一名出纳人员,韩雅茹知道服从的重要性,所以在领导将任务分配到她手上的时候,她会不遗余力地将工作完成。在十年的会计生涯中,她已经连续八年拿到了年度优秀员工奖,这一切都得益于她自身具备的"自觉服从"精神。

从事财会工作的人知道,出纳核算是一种特殊的明细核算,每天不仅要将现金和银行的存款进行日记账,还要根据不同的银行户头分开设置日记账,随后还要进行详细的分析。除了这些,出纳需要完成的工作还有很多,但是,即使工作再繁琐,即使工作时间再短,韩雅茹都不会有任何抱怨,因为在她看来,工作

需要高度服从,服从是她工作的助跑器。

然而,韩雅茹刚刚涉足财会行业的时候与现在截然相反,那时候的她,我行我素,领导的工作安排对她来讲就是“一纸空文”,没有任何的威力。

有一次,领导让韩雅茹将日记账拿到办公室,将一个月的出纳情况做成报表的形式。但是,韩雅茹却迟迟不肯将日记账拿出来。在领导的再三威逼下,韩雅茹才说出了原由,结果让领导大吃一惊:一个月三十天,韩雅茹却只做了12天的日记账。不仅如此,从这些日记账的情况来看,韩雅茹根本没有按照领导的意思,根据银行不同户头的收支设置日记账。

韩雅茹这样做的后果就是导致公司一个月的账目不清,无法完成账目核算,从大的角度来说可能会影响一年的核算情况。对此,领导给韩雅茹做了近4个小时的思想教育,旨在告诉她,服从是财务工作者的天职,要养成自觉服从的习惯。

从那以后,韩雅茹再也不敢违背领导的命令,当自己想“投机取巧”的时候,她就会提醒自己,想到领导说的那些话,及时转变思想,欣然接受任务,并尽职尽责完成。最后,韩雅茹终于养成了自觉服从的习惯,才成为了一名优秀的财会人员。

从事财会工作,我们经常会听到有人这样说:“我已经服从了领导的安排,但为何还是不能很好地完成财会工作?”针对这样的人,我们不得不问一句,你在接受任务的时候是毫无怨言吗?服从在你心中的分量有多重?答案只有他们自己知道。在这里要强调的是,单纯的服从只能让工作呈现“三十年河东,三十年河西”的现象,财务工作者要想将每一个数字摸透,想对每一分钱“了如指掌”,就必须形成“自觉服从”的习惯。

自觉性能够主导一个人的行为,有了自觉性,在做事情的时候就不会产生被逼迫的心理,工作的时候也就没有被“奴役”的愤慨。由此可见,自觉性在财会工作中起着举足轻重的作用。有了自觉性,我们才会服从领导分配的任务;有了自觉性,我们才不会推卸自身的责任;有了自觉性,我们才可以更好地完成一个财务工作者的使命——将每一个数字运用自如,保证财务零错误。

5

服从是行动的第一步

服从就是无条件地接收管理,完成任务。它不是口头上的敷衍,它需要的是真真切切的实际行动。财务工作者同样要心知肚明:唯唯诺诺,不懂得服从的员工不可能赢得领导的认可,只会做口头功夫的员工不可能在工作中赢得一席之地。

财务工作者要想将自身的工作做好,要想在芸芸众生中体现自身的独特,获得别人的认可和尊重,首先就要付出自己的实际行动。

但是,在实际的财务工作中,我们经常看到这样的现象,很多财会人员都希望在工作中表现良好,都希望将手头的工作做好,同时,他们也付诸了实践,但最后依然不能成功。造成这种现象的原因就是在他们行动的背后,缺少绝对地服从——在无奈的情况下勉强服从;在领导的威逼下被迫服从;为了面子表面服从。

殊不知,在财务工作中,服从是行动的第一步,是将财务工作做好的前提。我们不敢想象,一个在无奈中服从的财会人员能够尽职尽责地完成自己的工作,理性地对待一个个密密麻麻的数字;无法想象一个在领导的威逼下被迫服从的财会人员能够完全按照领导的意愿高效率工作。要知道,对于每一名财务工作者来讲,只有兴致勃勃地服从,才能让他们全心意地投入工作,完成工作这场马拉松长跑。

于晴和郭丽两人从小一起长大,被同学们称为班上的“姐妹花”。的确如此,她们穿一样的衣服,梳一样的发型,带一样的耳环,就连大学上的也是同一所,选的专业都是会计。整整七年了,于晴和郭丽如漆似胶,关系非常要好,但唯一有一点不同:于晴脚踏实地,无论做什么事情都很认真,老师布置的任务她从不

找任何推脱的借口;郭丽却不同了,她喜欢投机取巧,能偷懒就偷懒,很少服从老师的安排。

转眼间,美好的大学时光结束了,她们面临了人生的一个重大问题——找一份适合自己的工作。鉴于两人学的都是会计专业,所以毕业后,她们依然决定一起开拓人生。她们一起去济南钟光公司应聘,由于两人学识相当,最后都被录取了,从此,她们便成了这家公司财会部的同事。

有一次,领导将一个非常紧急的文件交给她们,于晴负责的是将银行的不同户头进行分类,郭丽负责的则是将于晴收集来的数据进行编制,核算预付款和预收款,最后制作缜密的财务报表。

由于于晴从小就听父母的话,听老师的话,工作之后又想尽快找到人生的方向,所以她欣然接受了这项工作。郭丽则不以为然:"我这几天还有很多事情要做呢,干吗让我不停地和这些破烂数字打交道啊。"但是,由于自己是新来的,最后也只能敷衍一下,假装接受,心中的疙瘩却依然存在。

在接下来的几天,于晴开始忙自己的工作,她每天骑着电动车奔波在各大银行,收集银行户头和数据,每天都要忙到晚上才回公司,将数据交给郭丽。郭丽则始终没把这个工作放在心上,每当于晴问她工作进行得怎么样的时候,她总会哈哈一笑:"放心吧,我是谁啊,我早就完成任务了。"但结果却不尽如人意。

第三天的时候,领导向她们要工作的结果,于晴便跑过去:"郭丽,你没有把报表给领导吗?"郭丽满不在乎地说:"我还没有开始制作呢,我这几天一直很忙,所以……"

这次工作郭丽没有完成工作,导致于晴也受到了严厉的批评。

对于一名财务工作者来讲,服从是行动的开始。如果没有绝对地服从,就不会有及时的行动,没有及时的行动就不会有完美的结果。就像于晴和郭丽一样,从她们的身上就可以看出服从的重要性——她们之所以受到严厉的批评,主要就是因为郭丽不服从领导的安排,在"不服从"心理的指引下,没有付出行动。

要知道，财务工作都是环环相扣的，一个环节做不好，整个财务工作就会受到影响。作为一名财会人员，只有学会了绝对服从，才可能“心甘情愿”地全心全意地投入工作，才可能将工作做好，减少不必要的麻烦和错误。由此可见，行动是成功的保障，服从是行动的开始，我们不仅要服从公司，更重要的是服从领导，要时刻明白领导站得高看得远，站得高看得全，他们的决策是出于大局。

身为财务人员，服从不仅是对领导的尊重，是对工作的负责，最重要是对自己的信任。没有了服从，就没有了行动，一切都将成为天方夜谭、水月镜花；没有了服从，就没有行动，那些繁杂的数据就会让你眼冒金星、无法识别。归根结底一句话，财务人员只有学会了服从，才可能有“十分”行动，因为服从是行动的第一步。

第七章　强化服务：优质的服务是回报率最高的投资

做好服务，这也是每一名财务工作者都应该具备的职业意识，因为财务工作本身也是一种服务工作。这就要求财务工作者在工作的过程中，树立起“全心全意为大家服务”的思想，在接待服务对象的时候要热情，懂得为他人着想，从而让自己的工作开展得更为顺利，并最终为自己的发展带来更多的好评，使得自己在一片赞誉声中登上更大的职业舞台。

1

服务在于行动

财会工作是立足服务于国家、企业经营者和利益相关者的职业。财会人员的服务不同于“窗口”行业，但是人们日常生活和工作中的每一项内容都离不开财会人员辛苦的工作。所以说，财会人员是经济活动中的无名英雄。

不管从事哪种职业，都需要从事人员具备良好的职业态度和较高的工作能力，财会人员的职业态度是从工作成果中体现出来的。一名工作出色的财会人员，他对于提高本单位的经验效益甚至促进国民经济的持续发展都起到不可估量的作用，卓越的工作成果依托于财会人员强烈的为企业、为人民服务的职业精神，而财会人员的服务精神是通过努力工作的行动展现出来的——服务在于行动。

江晓宁，1996 年毕业于国内一所知名财经大学的会计系，当时高校毕业生已经由原来的国家分配改变成自主择业。江晓宁由于在校期间学业出色，很快被北京一家大型国企看中，并被分配到财务处工作。由于那些年职业竞争形势很激烈，能通过自己的努力进入大型企业的毕业生并不是很多，但江晓宁做到了，他也对自己的岗位相当满意。

然而有了岗位并不代表有工作可做，刚到这家企业的时候，财务科领导把他带到办公室里交给一名老会计以后就离开了，老会计也没有给他分配具体的工作，于是晓宁每天的工作就是坐在老会计的旁边，看会计做各种报表和计划。晓宁没有想到自己的职业是从没有办公桌和具体工作开始的。刚开始晓宁挺苦闷,自己就好像是财会科里一个可有可无的多余人。如果晓宁这个时候想要换工作还是有机会的,他在学校的时候已经有不少知名企业和他联系过,他想离开这里再寻找一家工作环境更好,职位更高的工作易如反掌。

但是,晓宁再三思考决定留下来,令他留下来的原因是,当前国家经济正处于计划经济体制向市场经济转变期,而这家大型国企正处于典型的转型期,正是财会人员大展身手的好机会,如果自己能参与并辅助企业顺利转型,不仅是对国家和企业的贡献,对自己的职业生涯来说也是一个很好的挑战和突破。能在刚走出校门就碰到这样难得的机会,他不想放弃。

财务科负责带他的老会计姓李,李会计是企业的总账主管会计,负责编制财务报告。能在第一时间比较全面地接触到企业的总体账目,对晓宁来说相当难得。对会计这门职业来说这些账目数字里体现了企业的经营状况,所以行里的人们把这些账目叫做"会说话的数字"。于是,晓宁就在帮助老李做登记总账及编制企业财务报告的工作时认真学习,没过半年,他已经能够独立完成这些工作。然而,晓宁并不满足于独立完成工作这项标准,而是更加虚心学习,努力钻研自己的业务。

李会计在与晓宁的接触中也渐渐喜欢上了这个虚心好学的年轻人,在业务上也有意对他多加指点。他是企业的老员工了,马上就到了退休的年龄,对于企业的许多经营问题他已经有心无力,但他希望刚进财务科的晓宁能帮他通过科学的财务管理实现帮助企业进一步发展的愿望。财务人员的工作绝不仅仅是记账、报账那么简单,更应该在为企业提供会计信息服务的同时,为企业的决策和发展尽到自己的一份力量。

他们仔细研究发现,由于原来企业会计们把工作局限在账目填报和编制上,并没有积极参与到企业发展的过程中,所以并不关心企业的资金来源和运用情况。由于无法提供科学合理的资金分配意见,所以企业会出现资金周转困难,企业濒临资金严重短缺的危险局面,但是公司的利润表上却体现出公司的利润额很高的异常情况。为了破解这一难题,晓宁和老李一起从了解企业资金来源和运用过程入手,借鉴国外缩短现金流量表的编制周期的先进经验，并且考虑到企业管理层的会计知识有限，为了能让企业管理层全面、透彻地理解现金流量表的内容，又增加了按期总结现金流量分析报告的方式编制了《现金流量表》。企业通过实行这种财务管理方式，管理层及时准确地掌握了资金收、支信息，有效地改善了企业对资金管理混乱的局面。1998年国家发布的《企业会计制度》中着重提出了《现金流量表》的编制和报告制度，也充分肯定晓宁这项工作的必要性和前瞻性。

晓宁的工作成果受到企业领导的重视和赞许，为了进一步加强企业资金管理，企业专门成立了资金科，由晓宁出任资金科长。1998年，23岁的晓宁登上了他职业生涯的第一个台阶。他在资金管理上的多项建议，使企业逐步走向了资金周转正常的发展道路。年轻的晓宁任资金科长的工作后，他并没有停下来沾沾自喜，为了更好地服务于企业的发展建设工作，他更努力地投入到建立资金管理制度的工作中。为了加强财会工作对企业的预测分析作用，他建立了销售预测、利润预测和成本预测制度，这些制度的建立和实施为保证企业及时供应，合理组织资金运用和提高资金的利用效果都起到了重要的作用。鉴于晓宁为企业做出的贡献，2001年，26岁的晓宁又被提拔为企业财务处的副处长，主管企业财务管理工作。从此，他的奋斗目标与企业更紧密地联系在一起，立足服务国家、人民和企业的职业态度是他打开事业成功大门的叩门石，当然这里面更离不开晓宁辛苦而卓越的工作。

晓宁的成功案例向我们提出一个问题：为什么在职多年的老财会工作人员不能取得晓宁的成绩？原因就在于某些财务人员没有充分意识到会计工作的服务作用，因此也未能向企业提供有价值的建设性意见，强化财会人员的服务意识也是当今财会人员需要面临的重要问题。同时，晓宁的一系列工作也给了财会人员这样的提示：财会人员应该不断加强专业知识培训和提高业务水平，在工作中善于思考、勤于动手实践，只有用积极有效的行动才能达到良好的服务效果和个人事业的成功。如何才能做好服务工作，成为一名出色的财务人员呢？应该从以下几个方面入手：

(1)提高业务素质，做好本职工作。扎实的理论基础是衡量业务素质的重要标准，通过不断的学习和认真做好本职工作的实践达到提高业务素质，是优秀财会人员必须具备的条件。在日常工作中，对财务的处理要

全面、及时、真实、准确,确保会计信息的质量,灵活运用所学做好日常业务是会计服务的基础。

(2)做好财务分析工作,提供优质服务。科学的财务分析能够为所在单位的财务情况提供系统的分析和评价,科学的财务分析是企业经营者对企业发展进行决策的重要依据,所以优秀的财会人员除了要做好本职工作之外,还应该做好财务分析工作。财务分析也是健全财务制度的基础,对所在单位的"节支增收"起到决定性作用。财务分析工作是会计服务的一项重要职责内容,也是优秀财会人员需要具备的重要工作职能。

(3)树立良好的职业形象,协调好各方关系。作为财务人员,与税务及各方面人员打交道是不可避免的。我们要树立良好的形象,在不违背原则的前提下,协调各方面的关系。财务人员应立足服务公众的要求,做好表率,敬业爱岗,在创造和谐内部环境的同时,树立良好的外部形象,协调好各方面的关系,为单位工作的正常开展和经济的正常运行创造一个有利的外部环境。

(4)强化服务意识,不断进行业务学习。为了适应我国经济不断发展的形势,各项会计法规和制度也在不断更新和出台。所以财会人员只有通过不断的学习和实践,及时总结工作经验才能做好各项会计服务工作。

2

服务需要真诚

"一两重的真诚,等于一吨重的聪明",这是19世纪法国著名作家大仲马的一句名言。这句话形象地说明了人们对工作真诚的重要性远远超过了人们的智商。无独有偶,我们在日常生活中也经常说这样一句话:"态度决定一切",这说明当我们从事一项工作的时候,对待工作的态度决定了日后会在这项工作中获得的成果。两个职业技能相当的员工,一个工作业绩突出，另一个业绩平平，究其原因最终会归结到两人工作态度的差别。在外部条件相同的情况下，决定工作质量的往往是工作态度，积极真诚投入工作的人会收获良好的回报，消极保守进行工作的人必定不会有太好的业绩。

真诚的工作态度对于财会工作人员来讲有两方面的含义：一是对服务对象的真诚态度；二是对服务工作的真诚态度。这两者从表面看是对人和对事的两个独立态度层面，事实上两者又有着千丝万缕的内在联系。对于从事财会工作的人们来说，真诚态度贯穿了财会人员职业道德规范要求的所有内容，缺乏真诚的态度，我们就谈不上爱岗敬业、热爱工作、诚实守信、公平公平等等，所以真诚是财会人员在工作中的基本职业态度。真诚的态度是我们一切工作的基础，对于服务工作来讲更是如此。

29 岁的楚华玲是新疆某建设兵团下属公司的财务处长。看到这个年轻柔弱的 80 后姑娘，人们很难把她和带领兵团建设、促进兵团发展的先进工作者联系到一起。楚华玲的父母都是上世纪六、七十年代响应国家“三线建设”来到新疆的上海支边青年。

新疆兵团作为一支“不穿军装、不拿军饷、永不换防、永不转业”的特殊部队，在建团初期承担着为祖国屯垦戍边的光荣使命，随着国家经济发展，国家大力扶植兵团发展各项产业。因此兵团在大力发展粮油、棉花、畜牧等各项生产的同时又设立多个下属企业和公司，将自己的产品直接推向市场。2002 年毕业于上海财经大学的楚华玲，放弃了在上海的就业机会，回到新疆建设兵团下属公司，成为了一名普通的财会工作者。

初到公司的小楚并没有引起大家的注意，但就是这个娇小的年轻姑娘第一次把“服务于国家，服务于企业，服务于客户”的服务意识灌输到财务处员工们的心里。财务处的工作人员大多是从兵团基层的各财务科室抽调来的，习惯于做账、算账、报账的传统工作方式。小楚却提出了财会工作应该通过科学的财会管理对提高单位经济效益做出贡献。这一新鲜的理念让人们对小楚刮目相看。长久以来，财会人员参与公司管理一直是财会人员们听听就算的内容，然而她却提出要在工作中体现出来，并强调这才是财会工作服务于企业的重点核心。公司领导采纳了小楚的建议,并让她做出具体的实施方案。

小楚利用自己在大学所学的专业内容结合同行先进经验,以会计核算规范化为基础,制订了适合本公司的《会计制度》和《出纳制度》。并且建议财会人员积极参与各项经营活动的决策,制定财务计划,监督财务活动,预测企业生产经营和财务状况;严格审核财务收支计划、资金信贷计划,拟定资金筹措和使用方案,有效使用资金;结合企业实际,组织制定资金管理、存货管理、成本管理、应收账款及清理拖欠款、垫资、担保等办法,建立统一完整、规范、科学的会计核算体系和财务管理体系。这些举措对日后公司的发展和壮大起到了关键性的作用。

从此,同事们不再轻视这个刚毕业没多久的小姑娘,在她的带动下从自身工作做起,把为企业服务的精神融入到工作中。小楚在参加工作的第三年就被公司任命为财务主管,随着工作任务的增加,她成了上班最早、下班最晚的员工。公司业绩提升了,国家税收也增加了,与她打交道的税收和审计部门的人员都说她经管的账目清晰明确,评价她的公司是会计信息信得过的单位。

立足于为公司发展服务,通过促进企业发展,为国家建设多出一分力,真诚服务于国家建设和企业发展,这听起来与一个80后的小姑娘的理念有些差距。那么这个听起来就像是宣传口号一样的理念是如何成为小楚的工作理念的呢?小楚常说:“喜欢和爱是两个概念,爱的感情里包含了极重的真诚。我爱我的企业,也爱我的职业,但作为一个80后更应该爱自己的国家和人民。这是我们80后出生的年轻人应该有的基本品质。”

小楚在公司的时候也需要与客户打交道,她清楚明白自己的工作,除了要为国家和自己的企业服务之外还有义务为客户提供优质服务,她明白公司的发展离不开客户的长期支持,因此她在工作中严谨诚实的态度也为公司赢得了客户好评。为了方便客户了解经营活动中的相关内容,她尽量简化复杂的会计过程,为客户提供准确细致的文字总结和报表。在面对客户的询问时,她不会有不耐烦的情绪,一次说不明白她就多解释几次,直到客户真正理解为止。客户对她的评价是真诚朴实、准确细致。

小楚出色的工作表现也为她自己赢得了很多荣誉，公司根据她的工作提拔她做财务处长，总管公司财务工作。她自信而骄傲地说："升职和加薪是真诚生活、真诚工作给我的回报。"确实如此，只有对国家、企业、客户等利益各方真诚以待才能用超强的责任心把各项工作做得细致可靠。一份份精准的报表，一个个准确无误的数字后面都藏着小楚的真诚和热情。

真诚是从事服务工作的前提，随着经济的发展，各行各业把真诚服务纳入员工的职业道德范畴。财会人员不是"窗口"服务行业，所以某些财会人员会忽略自己在工作过程中的服务意识。事实上财会人员如果不能建立正确的服务意识，不但不能有效地激发自己的工作积极性，而且还有可能在各种利益交叉冲突的复杂环境中迷失自己。

建立服务意识，提高服务质量，这是新时代赋予财会人员的一项新的职业使命，只有用真诚的心态去为管理者服务，为客户服务，为人民服务，才能在工作中的每个环节中严谨细致，一丝不苟，为单位和社会的发展做出自己的贡献。从另一个方面说，真诚的工作态度不仅反映出财会人员的职业道德水平，而且也反映出财会人员的素质和生活态度。财会人员只有具备了强烈的服务意识和优良的服务质量才能在竞争日益激烈的环境中奠定自己事业成功的基础。总之，财会人员真诚服务不仅是工作的需要，更是财会人员事业发展的需要，因此，财会人员强化服务意识，用真诚的态度进行各项服务工作是经济发展的需要，是所在企业单位发展的需要，更是财会人员职业发展的需要。

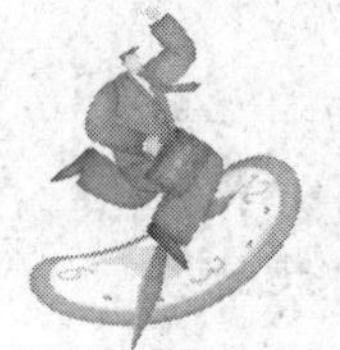

3 摆正服务心态

"强化服务"作为财会人员职业道德建设的一项重要内容，一直以来都是财会行业紧抓不放的重点,也一直是财会人员职业道德的一个薄弱环节。原因在于多数财会人员认为建立服务意识、提高服务质量是营销等行业人员的必修课,与自己的职业关系不大。事实上,一切经济活动都离不开财会工作,任何单位的财务部门都是本单位与外界业务单位联系的纽带,就算在本单位内部,财务人员也少不了与各部门和员工打交道。因此,财会人员摆正服务心态,树立服务意识是刻不容缓的事情。

正确的心态决定工作的成败,财会人员只有摆正服务心态,才会在日常工作中自觉地为服务对象提供高质量的服务工作。随着时代的进步,财会工作的地位和职能也渐渐发生转变,财会工作的职能重心由以前的核算职能向管理职能转变,财会工作在经济活动中的作用也越来越重要。在这种形势下,财会人员如果不能及时转变观念,摆正服务心态,就不能将财会工作的重要性有效地发挥出来。

老李是某公司的老员工,多年以来凭借自己圆滑的做人之道,在公司里顺风顺水地从普通财务人员一路升迁到财务总监。老李在得意之余也会向别人吹嘘一下自己的"成功经验":领导报销只多不少,员工报销能少则少,税务查账能蒙混多少算多少。公司的运营状况一直不佳,老李也想着再混几年退休享清闲了。

但老李的如意算盘落空了。原来,由于公司经营不善,一些与公司有长期合作关系的客户也纷纷解除了合作关系,鉴于这种情况,公司总部派人走访老客户,不少老客户反应:公司财务办事能力太低,签约的时候很痛快,可是到结账的时候就一再推托,而且财务人员态度也不好,感觉这家公司信誉不好,所以打消了进一步的合作意向。公司总部派新领导来对公司进行整顿,整顿的重点就从财务部门开始,新任领导想要了解公司真实的财务状况和经营状况必然要从财务账目入手,这一切发生得太突然,让老李一点准备都没有。

老李担任财务总监期间,公司财务账目一直很混乱,他手下的财会人员也都是一群和他一样混日子的员工,所以公司的成本资料、收入凭证、费用凭证残缺不全,计划外支出的数额巨大,会计信息明显失真。新领导找来老李询问情况,老李才向领导反映了原领导利用职务之便,以请客户吃饭或者自己出国考察等理由造成公司计划外支出的情况，并且提供了这些账目的明细。新领导经过核实确定老李反映的情况属实。虽然老李没有利用职务之便侵占公司资金，但是老李对公司不负责，任由个别领导损害公司利益的态度却给新领导留下极为不好的印象。

新领导在进一步了解的过程中也听到员工反应：财务部门对员工极其苛刻，财务人员只知道巴结领导，对员工正常报销手续则能拖就拖，有些员工报销数额不多又禁不住财务的一拖再拖最后就不了了之，员工们都说“财务室门难进，财务人员脸难看”。也因为这样，公司里不少工作能力强的员工辞职离开。

老李本科室的同事也没一个说老李好的，同事们反应老李不重视日常财务管理工作，等到年终做报表的时候经常让同事们加班加点，有些账目问题由于拖延时间太长了需要核查的时候连经手人都找不到。

员工们反映的情况加上老李之前的问题令新领导非常愤怒，他在公司员工会议上宣布辞退老李等几名财会人员。老李不服气便提出辩驳：“我在公司工作多年，没有功劳也有苦劳，你们随意辞退员工，应该补偿我的损失。”领导愤怒地训斥他：“我不是财会专业人员，但我起码知道财会人员职能，也知道财会人员应该立足于服务公司。现在你主管的财务部门不能为经营者提供真实全面的会计信息，账目混乱。作为公司的主要职能部门，不能正确处理与客户的关系，造成客户流失等等失职行为，给公司造成多少经济损失啊！作为财务人员不能服务于公司，也没做好为员工服务的工作，更为个别前任领导的贪污行为充当‘保护伞’，你们得赔偿公司损失才对。”

老李最终离开了这家工作了多年的公司，由于失职被辞退，所以也不能享受公司的退休待遇。老李的离开也为留下的财会人员敲响了警钟，公司对财会人员进行了培训教育，在培训中强化了服务意识，要求在岗财会员工摆正服务心态，立足于遵守国家和职业各项法规，服务于公司、服务于客户以及公司其他部门和员工。

老李被辞退有原公司领导的责任，但与他自己缺乏服务意识，不能摆正服务心态有很大关系。因为缺乏服务意识，老李找不到正确的服务对象,认为自己的工作就是为领导服务,在这种错误认识的引导下,老李必然会损害国家、公司、客户甚至员工的利益去满足小部分人的不正当欲望。因此确立正确的服务对象,摆正服务心态是财会人员正常发挥各项职能的前提条件。

财会人员要想如何摆正服务心态,做好自己的本职工作,还应该从以下几个方面入手:

(1)认清服务的重要性,树立服务意识。

随着经济发展,财会工作在经济活动中所起的作用越来越重要。财会部门参与到企业或单位的管理工作中已经是大势所趋,在这种情况下,财会人员应立足于单位发展,强化自己的服务意识,客观、真实地反应本单位的经济业务活动,为管理者提供正确的会计信息,完整准确地记录单位的资金运用情况,积极主动地向单位提出有建设性的财务管理意见和措施。同时,财会人员还有保障国家、人民利益的宏观服务义务,从这个角度上要求财会人员坚持原则,不进行违规操作,促进单位的良性发展,以此当作自己身为财会人员的基本义务。

(2)维护服务对象的切身利益。

财会人员作为社会人对国家和公众利益的维护是基本义务,作为员工对单位又有为管理者提供真实全面的会计信息,对单位财务状况进行财会分析,并协助管理者促进单位发展的义务。出于财会人员的职业道德,他们还有保障利益各方利益的义务,因此财会人员在工作中应该细致谨慎,切实做到为服务对象做好各项服务工作。

(3)提高自身素质,增强服务意识。

财会人员的职业态度和职业技能是做好各项工作的前提和基础,思想素质低的财会人员在工作时,会因为意识上的障碍不能摆正服务心态,因此影响服务工作的质量;技能素质低的财会人员在碰到具体工作时难免受限于自己的技能水平而影响服务工作的质量。

总之,造成财会人员服务不到位的原因有很多,技能水平的限制可以通过学习和提高的方式进行改善,然而不能树立正确的服务意识、不能摆正服务心态的财会人员,既使有很强的业务水平也很难将服务工作做好。心态决定工作质量,这是每个财会人员应该引起注意的问题。

4

到位的服务才是好服务

什么叫服务到位？有人做了这样一个比喻：一位顾客住进一家宾馆，感觉宾馆冷气太凉，恰好就有工作人员关上了冷气开关；顾客觉得肚子饿了，恰好就有工作人员引领客人去餐厅用餐……顾客的每一个心思似乎都逃不过工作人员的眼睛，不用顾客提出要求，工作人员就会提前实现顾客的愿望，满足顾客的需求。因此，服务到位的含义就是：准确了解服务对象的需求并且提前做好各种工作以备不时之需，并及时提供服务。事实上，顾客看到的工作人员为其做的“恰好”的服务工作并非是偶然的，而是高素质的工作人员及时准确了解服务对象的需求而进行的高效服务。

到位的服务实际上由两个主要因素组成：一是服务人员的高素质；二是工作方式的高效率。所以，当管理者需要查阅财务报表的时候，财会人员恰好已经准备完毕，并及时提供给管理者；需要财务部门对新项目提出参考意见的时候，财会人员恰好已经准备好方案和计划。这些“恰好”的工作并非偶然，它们是财会人员极高的职业素质和迅捷准确的工作方式的结晶。财会人员到位的服务无疑是高质量的服务，它不仅要求财会人员有认真的工作态度和合格的职业技能，更要求财会人员有丰富的工作经验、极强的前瞻性以及对服务对象有相当深入的了解。

刘昊和边丽是同年进入公司财务部实习的大学毕业生，这两个年轻人有着相同的教育背景，都是名牌财经大学的毕业生。进入公司财务部初期这两人的工作表现都差不多，只不过边丽比刘昊更勤奋一点，除了完成上司交代的任务之外还愿意接触一下同事的业务，在同事们眼中，这个现象也非常正常，刚上班的年轻人对职业有着非同一般的好奇心和新鲜感。同事们认定她的好奇不会坚持太长时间。

然而，让同事们感到意外的是，边丽上班半年多了，好奇心

非但没有减少,相反她工作越久好奇心也越强,最初她只是好奇同事们的业务,现在她连公司下属的生产工作也想探究个一清二楚。有时候上司派她去工厂办事,她会趁机去车间观察工人的工作,还不停地问员工们一些问题。为此同事们经常笑话她:"小边,你是不是在财务办公室待腻了,想去车间当操作工人了?"与边丽的好奇不同,刘昊就显得安静和沉稳多了,每天按时完成好上司交代的工作任务,平时也不多话,让干什么就干什么。

转眼一年过去了,刘昊和边丽两个人的实习期也结束了,按公司规定这两个人只能有一个被留用,究竟谁能留在公司里工作呢?财务部的同事们私下里也经常讨论这个事情:两个人工作能力都不弱,看得出来在学校里都是好学生,理论功底扎实,业务能力提高的速度都挺快,不过刘昊看起来更沉稳踏实一点,很适合做财会工作,边丽在这一点似乎不如刘昊,于是同事们断定刘昊留下的可能性更大一点。

然而,一个星期后,公司的决定让同事们大跌眼镜,原来公司不仅留用了边丽,而且还任命她暂代因公去国外工作的财务副主管的工作。这个任用通知一下达,财务部就像炸了锅一样。为什么会这样呢?这不仅让刘昊心里存着疑问,同事们也个个瞠目结舌。虽然公司的人事政策很灵活,一直按能力提拔员工,不会用论资排辈那一套,但是这个决定也太离谱了,毕竟边丽才刚刚经过实习期呀。

为了打消刘昊和财务部其他员工的疑惑,财务总监招集部门员工开了个会,在会议上财务总监出示了两份答卷,这两份答卷的考题只有一项:你觉得公司的财务工作应该如何改进?而答卷人正是刘昊和边丽两个人。刘昊在答卷中提出了几项财务工作的改进意见,其中多数是加强纪律管理、提高员工素质等等缺乏具体问题的一般性意见。而边丽的答卷上密密麻麻地归纳出很多项改进意见,她的意见从对公司下属车间的产品成本到操作流程都提出了合理的改进意见,在改进意见的下面还列出了改进方案和成本节约的运算过程。这些改进意见细致、严谨,具有很强的操作性。看了边丽的答卷,就连工作多年的老会计们也点头称赞,此时,同事们也明白了边丽好奇心的背后有着这么多内容。

财务总监说,起初他也不相信刚毕业的学生是否真能提出这么有效的改进方案,于是他用了一个星期的时间,让车间配合边丽的改进方案进行生产,结果试验的结果验证了边丽的改进方案的合理性,这才打消了总监的疑虑,并请示公司领导,决定给边丽一个更大的考验,让她暂代财务副主管的职位。

最终,边丽通过了公司的考验,也不但胜任副主管的工作,而且在半年之后转成了财务副主管,成了公司里最年轻的中层领导。边丽在给同事们传授经验的时候说:"服务于企业的关键在于把工作做到细致,思考严密,尽量开拓自己的视野,具备大局观。只有这样才算是工作到位。"

边丽成功的经验提醒我们,作为财会人员立足服务工作的时候,不能止步于达标和合格,只有用更高的标准要求自己,付出更多的努力才能把工作做到位。为服务对象提供好的服务,这是基于财会人员在完成自己的工作任务之外,对自己的工作能力和工作责任心更进一步的提升。到位的服务不仅能为服务对象提供优质的服务,同时也为财会人员自己的事业开拓出更加广阔的前景。

到位的服务工作事实上就是我们常说的:在服务工作中对自己进行高标准、严要求。财会人员对自己要求越严格,服务对象对财会工作的满意度也就越高;同样财会人员对自己的工作标准越高,就可以最大限度发挥自己的工作职能。现阶段财会人员的工作职能已经从传统的核算职能转变为管理职能,这无疑为财会人员的职业素质提出了更高的标准。随着经济快速发展,竞争的日益加剧,如果我们只把自己对服务工作标准停留在合格和达标上,就很难满足服务对象日益增加的要求。因此,财会人员只有通过不断提高自己的职业素质,把服务工作做到位,才能脱颖而出,成为优秀的财会工作者。

第八章 尽职尽责：多一份责任，多一分完美

财会行业，承担着规划、审核、监督的重要责任，在社会上很多人眼里甚至是一个很有公信力的行业。当你选择财会这个行业的时候，你就应该做好承担起责任的准备；当你第一天正式成为一名财会人员的时候，你的肩上已经担负了沉甸甸的责任。它是你的义务，更是光荣的使命。每个财会人员都应该把这种强烈的责任心投入到工作中，做到尽善尽美，只有如此才能够成为行业中的优秀一员。

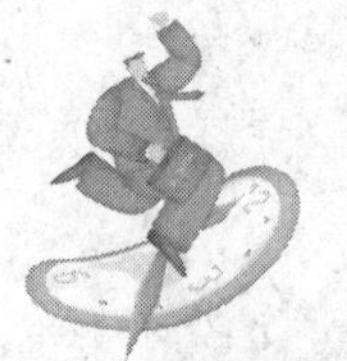

1

敷衍应付是对工作最大的危害

财会工作在公司的运营中起着决定性的作用，如果在这个环节上出现疏漏和错误，将会给整个公司带来巨大的经济损失。

有些财会人员在工作中做事不用心，敷衍应付，能偷懒就偷懒，粗心、散漫、草率，是他们的工作作风。不用看他们的学识、能力，以这样不负责任的态度去面对工作，结果可想而知，肯定是漏洞百出。

回顾在新阳房产公司三年的财会生涯，从最初的实习会计开始到现在小有名气的注册会计师，冯亚军体会最深的一点是：这工作来不得半点敷衍应付。甚至，他还为当初的那件事情感到惭愧。

那是他刚开始接触这份工作的时候，冯亚军真是一个头两个大，他感觉要记要背的东西太多了：

金算盘里填凭证信息，很多新手会计会写错附件张数，他们往往把发票登记成一张附件，但正确的应该是把签字后的报销单作为附件；另外，在填写凭证时间的时候，要严格如实地填报销单上的日期，而不能写成做账当天的日期；审核这些报销单，要先经由出纳初审，再由会计复审，经审无误之后，在单据的右上角盖章表示审核完毕。

虽然工作流程很麻烦，可是不到两个月，冯亚军对会计的工作基本已经上手了，在他自己看起来是轻车熟路。所以，思想包袱少了，冯亚军在工作时也放松了下来，不像最初那么认真专注了。

公司财务部门的工作流程是，先由出纳对报销单进行初审，再由会计对其进行复审，审核完毕后提交财务处。一次，出纳将初审完的报销单交给他。当时，他正在心不在焉地想事情，再看前一天已经审核过类似的报销单，基本上都没什么问题，就把这些单据随便扫了一遍，然后盖上复审完毕的印章，就算完事了。

没想到，这件事还没完。财务处主管发现报销单上有很大的漏洞，很有可能是公司的业务员弄虚作假，借工作之便私下里接触客户，拿了客户的回扣。这件事引起了公司高层的重视，决定对其进行彻查。

更让主管生气的是，账目根本对不上，这么明显的错误，经过出纳初审和会计复审，竟然都没有查出来！这个错误要是没有被及时发现，会给公司的形象造成多么恶劣的影响，同时会带来多大的经济损失啊。

冯亚军始终记得，虽然当时财务主管并没有严厉地批评他，但是语气里透露出的失望更让他无地自容："亚军，我看你头脑灵活，学东西很快，本来是想好好培养你的，谁知道你工作这么应付差事、不负责任。你知道这一次差点给公司带来多大的损失吗？"

从那以后，冯亚军在工作中再也不敢敷衍了事、随便应付了。每次忍不住想松懈、想偷懒的时候，他就会想起自己身上的责任。从此他认真地对待每项任务，终于取得了优秀的成绩，没有辜负主管最初的期望。

从冯亚军后来的成绩我们可以看到，他是有潜质和能力的。然而，有能力不代表就能将财会工作做好。这时候，态度往往胜于能力和经验，敷衍的态度只能导致"成事不足，败事有余"。

在端正工作态度以前，请所有财会人员回答一个问题：在你们看来，工作是什么，对你们意味着什么？

有人会说金钱，有人会说名誉，有人会说事业理想，可这都是人们想从工作中所获取的回报。在索要回报的时候，回想你的付出，以及对工作的态度，你能问心无愧地说一句"我尽到自己的责任了"吗？如果没有，凭什么要求工作给予回报呢？

工作本身就意味着责任，没有不需要负责的工作。作为财会人员，你从事这份工作的底线就是尽职尽责。

责任感的缺失，是很多新会计在工作中敷衍、偷懒、逃避困难的根本原因。他们并不了解自己的岗位在公司运营中起着多么重要的作用，也更无法预料自己一时的“没在意”“不小心”会给工作带来多大的危害。

而有些经验丰富或者能力过人的会计，他们明明知道会计是什么性质的工作，多么需要专注负责地去对待，还抱着敷衍的态度就更不应该了。不过他们的症结不在于没有责任心，而在于自信过剩，所以能省则省。他们在工作中习惯于依照旧的经验去做事，认为自己“闭着眼睛都能打好算盘”。但能“打好算盘”和做好财会工作是两码事。算盘是死的，工作是活的。各种财务账单、报表、计划书看上去大同小异，但是细节处却各有不同。如果在态度上不引起重视，不提高警惕，就很有可能带来意想不到的失误。

所以，对于财会工作来说，敷衍应付的态度远比知识经验的欠缺更可怕。所以，公司更愿意聘请能兢兢业业工作的新会计，花成本去培训他们，也不愿意去聘请那些经验丰富但是不负责任、吊儿郎当的老会计。这就是因为，一个对工作不负责任的人，是不可能将工作做好的。他们因为敷衍应付造成的疏忽，所带来的损失，远比培训新人投入的成本更大。

2

对工作要有热心、耐心和恒心

所谓“干一行，爱一行”，对工作的热爱永远是努力工作的力量源泉，是把工作做好的前提条件。

所以，热爱财务工作，是每个财会人员尽职尽责的前提。当然，对于那些轻松、有趣的工作，人们做到爱岗比较容易。财会工作相对来说，显得复杂、繁琐，常常需要耗费大量的时间和精力，每天像在跟枯燥的数字打仗一样。对于很多财会人员来说，要热爱它似乎是有点“强人所难”。

毕业半年的时间，跳了四次槽，最长曾在一家公司时间干了不过两个月。王路自己也不想这样，当老同学取笑他是“打一仗换一个地方”时，他只能无奈和尴尬地笑笑。因为连他自己都不知道，到底什么时候能定下来。

每次的离职，在王路看来都不是没有原因：公司规模小，没有发展远景；薪资待遇低，各项福利少；没完没了地加班，身体实在吃不消……

日子久了，王路发现他频繁跳槽的真实原因，是他根本不喜欢会计这份工作。每天围着一堆枯燥无趣的数字打转，对着电脑重复地审核数不清的账目。一天下来，眼睛都冒金星了，甚至在梦里脑子里都是挥不去的发票和报销单。

因为讨厌会计的工作，所以到哪儿都能找出不喜欢的地方。对，肯定是这样。王路这么想着，面对前途的一片迷茫，他觉得尽早转行才是正道。

把这个想法告诉父母以后，父亲王书林叹了口气，说：“早就知道你这孩子吃不了苦，做不了这行，谁让你当年非要跟我学会计。”

父亲在一个国企当了三十年的会计，在当地算是小有名气，格外受人尊重。因此，王路一直把父亲当做自己的偶像，高考填志愿的时候毫不犹豫地填了会计这个专业。如今真的要考虑转行，王路还是下不了这个决心，毕竟大学四年学的是这个专业，也没想过出来以后干别的，自己除了这个什么都不会呀！

王路很矛盾，显得左右为难，一连几天待在屋子里闷闷不乐。父亲走进他的房间，和蔼地说：“怎么了，还在烦工作的事情呢？要不要跟老爸聊聊啊？”

王路想了想，问道：“爸，会计的工作你一干就是三十年。你真的喜欢这个工作吗？”

父亲笑着摇摇头，说："一开始并没有。我最初当会计的时候才18岁，那时候年轻，也觉得会计工作枯燥、没意思，加上我的文化水平也不高，一开始老是算错账目，还挨领导批评。"

王路佩服地说："爸，那你还能坚持这么久，真太不容易了。"

父亲接着说："那时候没有你们现在的条件，能被分配到一个国企当会计，是多少人羡慕的事啊。而且，我也没想过什么喜不喜欢，我只知道那是我的责任。到现在我都记得老会计师父把账本交给我的那天，我就下定决心，一定要尽到自己的责任，把厂子里的账管好。后来我听人说有会计证才能算合格的会计，我就一门心思地去考。一个只有中专文化的人，考那个证多难啊，还好当时我没有放弃，不然后来也不会得到厂领导的重用。"说到这里，父亲突然感慨地说："马上就要到退休的年龄了，一晃三十年过去了，这让我离开那些账，还真有点舍不得啊。"

父亲的话，对王路触动很深，也重新勾起了他最初对会计工作的热情和向往。于是，他没有灰心和气馁，不久后又找到了一份会计工作。在新的岗位上，他兢兢业业地对待工作，不再嫌麻烦和枯燥，遇到困难也不退缩，而是勇敢地去克服，因为他始终记着父亲的话"工作更多的不是图喜欢而是负责任"。在这样的状态下，不光工作完成得很出色，他还惊讶地发现，自己对会计工作的抵触情绪全没了，相反的，每天的工作都让他充满热情和乐趣。

王路的困惑，是很多年轻人都容易遇到的。在遇到困难、挫折，发现工作毫无乐趣的时候，他们忍不住发出感叹："早知道我就不学会计了。"

是的，早知道就不学这个了，那么，当初的那些雄心壮志和美好愿望只好一并付诸东流。再换个角度想想，什么又是自己喜欢的工作呢？我们无从知晓，但是可以肯定的一点是，如果自己在本职工作中无法投入热情，总是抱着抵触的情绪，那么换到任何一个其他的行业，即使薪水再高，工作再轻松简单，一旦形成一成不变的定势，自己同样会觉得枯燥和无趣。

这里有一个好消息和一个坏消息。坏消息是，世界上绝大多数的工作都是重复和有难度的。好消息是，只要你能保持热情、耐心和恒心，坚

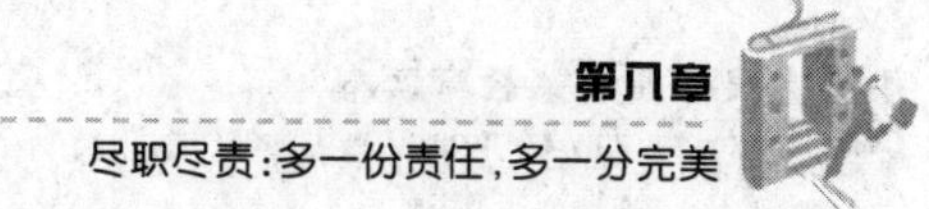

持不懈地尽好自己的责任,不断克服困难地走下去,一定能享受到工作所带给你的乐趣和荣誉。很多人觉得财会工作无聊、枯燥,只是因为他们没有坚持到最后就放弃了。

喜欢上做一件事很容易,但是要一辈子喜欢做一件事就很难。对财会工作保持短期的热情很容易,但是要像王路的父亲那样,数十年如一日地爱岗敬业就很难。人都是有惰性的,也是有畏难心理的。这时候,起到最强约束作用的就是强烈的责任心。面对工作,我们不能只图喜欢,而要切实地承担起自己身上的责任,踏踏实实地将财会人员的职责履行下去。

3 常常问问自己做得怎么样

经过一天的忙碌工作后回到家,你习惯于在脑海里对今天做过的所有账目、报表做一个回顾吗?提交一份财务计划后,你是心安理得地开始休息,还是再审度一下它的完成质量?一个月的工作结束后,你是否有做工作总结的习惯,问问自己最近做得怎样?

如果工作中没有一个既定目标,就很容易觉得每天的工作都像流水一样,繁琐、没有头绪、没有重点。作为会计人员,如果没有对自我的要求,不加强对自己的检视和监督,就很容易造成工作忙乱却没有效率,这就是我们常说的"瞎忙"。而在工作中一直处于被动,没有自发主动性,也是责任心不强的表现。

沈青担任财务助理已经半年了,早就过了试用期,可公司似乎迟迟没有给他"扶正"的意思。沈青觉得有些委屈,难免在工作中带了点情绪。

在他看来,自己从大学毕业就来到这家公司,平时工作也算是兢兢业业，对领导交代的任务都努力完成。他严格遵守公司的规章制度，平时连迟到早退的现象都少。不敢说自己有多么出色，但是他觉得自己绝对是一个“负责”的员工。

当看到部门新招的实习生薪资待遇竟然跟他差不多的时候，沈青实在忍不住了，他愤愤地想：公司就是欺负老实人吗？于是，他敲开了财务主管的办公室大门。

财务主管了解了他的想法以后，想了想，说：“沈青，这事是我做得不对，我早就应该提拔你了。这样吧，我现在交给你一个重要的任务，把公司上个月各部门的收支情况整理统计出来，做成一份财务报表交给我。我给你一个星期的时间，没问题吧？”

沈青有些受宠若惊，连连点头说：“没问题，请主管相信我的能力。”

可是实际接手这项任务以后，沈青才犯难了。以前他从来没有独立做过财务报表，他都只是负责一些接洽人员、统计数据的散碎工作。所以，他足足熬了几个通宵，也没能做出一份像样的报表。

财务主管再把沈青叫到办公室的时候，沈青低着头，显得很惭愧。

主管笑着说：“没关系，谁都有第一次，做不好很正常。”接着，主管语重心长地说：“沈青啊，虽说你到公司有半年了，可是你想想自己现在所做的工作，跟刚到公司时有什么区别吗？”

沈青想了想，摇摇头。他只是感觉工作每天都很忙，但忙的都是一些琐碎的事情，具体的任务难度并没有增加多少。

主管接着说：“你现在和实习生做的工作是差不多的，所以即使我想重用你，也不能在待遇差别上表现得太明显。这里面可能也有我的原因，我平时太忙了，所以没有机会多教你，才使得你迟迟得不到成长。可是在工作中要想提高，就要有主动性，给自己提要求，没人监督就自己监督自己。”

主管的话让沈青恍然醒悟过来。是啊，主管说的没错，回顾自己这半年来的工作，的确是不够主动，每次都是等着领导分配任务，虽然也都能按时完成，但是一下班就把工作彻底抛到脑后,认为应该好好放松一下。

对于工作质量,他也没有特别放在心上,觉得能完成任务就算完事了,更不要提主动学习,每天工作那么累,哪还有多余的精力啊。所以,半年前常犯的错误,他现在还在犯;什么事他自己都拿不定主意,总要问问主管才安心。所以当主管真的让他独立负责做份报表时,他就心里没底了。

自这件事以后,沈青在工作上更加积极主动了。他养成了做工作总结的好习惯,隔一段时间就会对自己的工作状况来一次自我检查,查漏补缺。另外,他还报了个财会补习班,暗暗下决心要尽快和新来的实习生们"拉开距离",做点前辈的榜样出来。

什么叫做对工作负责?像沈青之前那样,一天到晚像个陀螺一样忙得团团转,上班时间塞得满满的,一刻也不放松,这就是负责了吗?不是的。

财会工作,算是个技术类的工作,不光要求投入时间和精力,更要懂得掌握方法,学会巧做,才能不断提升自己,在自己的岗位上尽到自己的责任。

如果在工作的过程中,只知道低着头做事,不知道回头思考总结,就不会知道自己和老会计的差距在哪里,和新会计相比的优势又在哪里。如果不及时总结经验教训,那就会和沈青一样,错误犯了一百遍还在犯,能力也得不到任何锻炼和提高。

想让能力更快地提高,让自身更快地成长起来,成为一名能独当一面的优秀会计,就要从自我总结和鞭策开始。隔一段时间,就把忙碌工作的脚步稍微停一停,问问自己最近的工作状况,和下一步的自我期望。

会计的成长需要智慧、理性,更要合理的规划。一个尽职尽责的会计,在能力不断提升的过程中,规划也会越来越清晰。在问自己"做得怎么样的时候",他们通常给出的答案是"还不够",因为在他们看来,要更完美地履行自己的职责,就需要不断地充实和提升自己。

4

别让工作细节毁了你

财务工作中，每件小事都值得努力去做，每个细节都值得注意，因为工作无小事，细节能成就一个人，也能毁掉一个人。

有些财会人员争荣誉、图表现，重视“看得见的效益”，因此紧抓大事放松小事，制订财务计划时一丝不苟、积极创新，在审核账目时却一目十行、匆匆带过。他们还言之有理：“这叫合理的时间分配。”

在他们看来，那些能换来荣誉的大事才是自己的职责所在。殊不知，细节处不到位，往往会影响大局。

三天前，会计张云超才刚刚被提拔为财务经理，可这新官上任的三把火还没烧热，就被撤了职。生活有的时候就是这么讽刺，张云超怎么也没想到，自己辛苦三年得来不易的成绩，就因为一个不起眼的小细节被毁掉了。

通常会计在帮客户做完账后，会提交一份财务凭证给客户。在做账的过程中会计会填写一份科目余额表，是为了方便在手工记账时结转损益，或者作为做财务报表的依据。一般来说，会计会把这份科目余额表复印一份装订进财务凭证里，一并提交给客户。

但是，由于张云超工作中所接触的很多客户都是不懂会计知识的，而他觉得科目余额表也只相当于会计的“个人草稿”，即使交给客户，客户不会看也看不懂。所以，张云超就省去了这道程序，干脆在给客户的凭证里都没有把余额表装订进去。

一直以来，这样做的确没出过什么问题。可不巧的是，上个星期碰到的一位大客户非常较真，虽然他自己不懂会计，却把张云超交给他的财务凭证拿给懂会计的朋友看。朋友一眼就看出来这项

"缺斤少两",客户非常生气,认为该财务公司对客户毫无责任感,工作如此不到位,以后怎么敢长期合作?客户当即打来电话,要求解除合同,并要求该公司给予赔偿,否则就向会计协会上诉。

流失了一位重量级的大客户,还让公司平白地蒙受了经济损失,公司领导心里也是一肚子火。虽然这位客户在业内是出了名的刁钻难缠,但是在领导看来,如果自己把工作做到位,怎么会留下毛病让人挑呢?所以,领导把心里的火全发到张云超身上去了,撤了他的职,还扣发半年奖金。

让张云超悔不当初的是,装订一份表单只需要不到五分钟,可他却为了节省这不到五分钟,白白浪费了三年的努力。

其实客观地说,张云超的这个行为算不上什么原则性的错误,从理论上本来就是可有可无的。但是他运气不好,遇到一位刁钻的客户,就是逮着这个细节不放,客户的需求就是上帝。客户在乎的东西,你没做到,而你本来是可以轻而易举可以做到的,这就是你的失职,即使觉得委屈也只能自己扛着。

所以,面对工作中的那些细节,绝对不能随随便便地对待。细节也是自己的责任。财会人员在平时就要对自己严格要求,端正对所谓的"小事"的态度,对那些"可有可无"的细节"做了比没做好",更不能故意偷懒、耍小聪明。如果对工作细节不重视,甚至怠慢、敷衍,它就可能会在一个你意想不到的时候给予反击,导致你的工作"满盘皆输"。

潜意识里,财会人员习惯于用逻辑思维去判断某件事情值不值得做,或者值不值得花费精力去做,只要自己认为不值得,就不会好好去做,难免留下失误。特别是对于一些"细枝末节"的数据处理,财会人员往往觉得不屑一顾,只是例行公事,做做样子而已。

可是,细节上图省力,往往造成花更多的力气去弥补。比如一份优秀的财务计划书,因为忽略了一个很小的项目调查,就造成方向上的错误,需要推倒重来。这样的错误,实在令人可惜。但这种错误还是幸运的,并没有造成什么不可挽回的后果。但是,试着想想,如果这份计划书投入执行,对于一个日收入上百万的大公司而言,会造成多么惊人的损失。

美国质量专家菲利普·克劳斯有句话让人印象深刻:"一个数百万人的公司,经不起百分之一甚至千分之一的行为出现失误。"

所以,在财务安全面前,责任只有百分百。古话说:“千里之堤,毁于蚁穴。”一个无心之失,一个细节上的小错误,都会造成所有的努力的前功尽弃,甚至财务人员为此丢了声誉和前途。

财务工作无小事,任何看上去意义重大的任务都是由很多个小细节组成的。任何细节,都关系到公司的全盘发展。所谓“牵一发而动全身”,财会人员更应该时刻保持警惕,拿着放大镜检查自己的工作,不放过任何一个细节处的疏忽。

5 责任让你完美到不可替代

每一份工作,都代表着不同的角色。对于每个财会工作者来说,不管身处哪个阶段,是刚毕业的实习会计,还是功成名就的注册会计师,都渴望自己能成为那个不可替代的“A 角”。

愿望是美好的,过程是漫长的。这需要我们不轻视自己扮演的每一个小角色,用心将其诠释到最好。每个角色,都承担着一份责任,而诠释角色,其实就是在完成责任。

新春临近,正是东升礼品公司的销售旺季,每天的净收入在十万元以上。为了及时核清账目,赶写财务报表,财务部门忙得不可开交。

可就在这个节骨眼上,会计陈伟华病了,住进了医院。这可把财务主管汤程急坏了,少了这一个人,财务部的好多工作进入了瘫痪状态。跟其他部门主管聊天的时候,别人说:“不就缺个会计嘛,外聘一个不就得了吗?”汤程摆摆手,说:“你不知道,小陈是我的得力助手,缺了他,我工作起来都不顺手了。”

正如汤程所说,陈伟华在工作上的确是尽职尽责,帮了他不少忙。很多时候,陈伟华像是知道他心里在想什么,汤程还没有说出来,陈伟华已经心里有数了;很多事情,汤程没有多余的时间去处理,陈伟华就很贴心地帮他把问题解决了。还有一点,陈伟华做人踏实谦虚,不爱邀功,做起事来稳重可靠,所以特别让人放心。

以前的会计总是生怕多做一点事情,他们最遵守的规章制度就是公司的会计岗位职责,职责之外的事情,想让他们去做,简直比登天还难。

但是陈伟华不这么想,他认为当一个好会计,远远没有这么简单。要想切实地履行会计的岗位职责,仅仅在公司做做账、写写报表,也是肯定不够的。

所以,陈伟华对自己提高要求,他没有把工作的范围局限在办公室以内,而是延伸到了公司的生产、采购和营销等多个环节,并积极协调好和银行、税务等单位的关系。

不光做到了把好关、理好财,陈伟华还是财务主管汤程的参谋。因为他平时积极学习,对财务管理方面颇有些心得,而且对公司的各项政策和业务摸得透彻,所以每次要制订公司的财务计划时,汤程都喜欢找他出谋划策。

现在,正当汤程的工作开展得杂乱无序时,他的邮箱里收到了一份陈伟华寄来的邮件,里面写的是上个季度的财务报表。这是陈伟华在住院期间,利用晚上休息的时间做出来的。家里人都劝他,暂时把工作放一放,但是陈伟华说,这份报表不按时交上去,他老觉得工作没完成,心里不踏实。

汤程非常感动,这段日子里,他也更深刻地体会到陈伟华在部门的重要性。他做了一个决定,等到陈伟华康复归来,立刻任命他为公司的财务经理。

是什么让陈伟华成为领导眼里不可替代的得力助手?一切源于他强烈的责任意识。这种意识像马达一样驱使着他前进,不断努力,不敢有一天懈怠。正是因为他平时把自己的工作做到了尽善尽美,所以当他的职位出现空缺的时候,大家才会感觉到缺失的不光是一个会计,而是整个部门的核心力量。

如果你也想成为这样的核心人物,学历、知识、能力,这或许是你的资本;而责任,才能帮助你更快地成长,让你在工作中成为不可或缺的那个人。

站在公司的角度,高学历、高素质的人那么多,凭什么一定要选你?唯一可以让你镇定自若的回答是:“因为我把自己的职责尽到了满分,这个岗位非我莫属。”

所以,需要记住的一点是,你所有的能力和才华,都是在为岗位服务。而且,空有能力和才华,如果没有强烈的责任心,就不会投入所有的精力和热情,无法将自身的潜力发挥出来;如果遇到事情就推卸和逃避责任,那么即使你平时的工作成绩再好,也无法获得公司和同事的信任,因为不负责任的人,必定是个不能被信服和依靠的人。

所以,在能力和责任之间,更多知名的公司选择了后者。华为的核心价值观是:“认真负责的员工才是公司最大的财富。”在 IBM,所有人都坚守的职业道德观念是:“永远保持强烈的责任心,有助于职场的人际交往,树立起诚信可靠的形象。”

责任心,是一种光荣的使命感。当你选择了财务这份工作,就该为自己的选择承担起责任。如果你放弃了这份责任,同时也就放弃了好的发展机会。

责任,不光是道德,而且是一种最卓越的能力。有责任心的财会人员,会为了出色地完成一项工作而竭尽所能:通宵达旦地修订一份财务计划;重复十遍地检查一份财务报表;为了更好地进行交接,熟悉相关的其他工作流程;不断学习新的财务政策和知识,来适应岗位的现代化需求。

一个负责任的财会人员,在工作时的自我要求,不再是达到“80 分、90 分”,而是“尽我所能做到最好”。因为,在他们看来,责任是光荣的,是无极限的。而“尽我所能”,这种能力是多少呢? 也是无极限的,硬要说有个上限,那就是完美,起码是自己的最完美状态。

常言说:“不逼自己一把,就永远不知道自己有多优秀。”勇敢承担的同时,肩上也背负了压力,而正是这种压力,能促使我们发挥出自身最大的潜力。那些不敢承担责任重压的人,就会浑浑噩噩地对待工作,缺少奋斗的动力,他们就不可能有出色的业绩,更可惜的是,他们一辈子也不会知道自己有多优秀。

第九章　严肃认真：严谨的态度让工作滴水不漏

不论是管理着无数人生命财产的总统，还是一个拿着扫把默默地清理着大街的环卫工作人员，大家都必须拥有严谨的工作态度。因为，严谨的工作态度是将工作做到位、认真履行自身职责的重要保证。而财会人员在工作中，每天都要和复杂的账目、报表和计划书打交道，对数据的精准程度要求很高，稍微一个不小心，就容易造成意想不到的错误和损失。这就要求财会人员用更加严肃认真的态度去对待每项任务、每份单据，确保工作滴水不漏，这样才会成为一个让大家信得过的财会人员。

1

多一些细致，少一些马虎

在竞争激烈的社会经济形势下，财会工作的分工越来越细，对于财务工作者的专业化要求程度也越来越高。

“马虎主义”是优秀财会人员的天敌，也是孕育财务失误和纠纷的温床。有些人做事马马虎虎，走马观花地整理账目，在做审核的时候也是觉得差不多能对上就行。这每一次的马虎，都会漏掉很多工作的细节，造成细节上的小偏差。有些财会人员抱着侥幸的心理，总觉得不会出什么事，可是真要等到事情发生到头上的时候，付出的代价就不是一点点了！

所以，每个财务工作者都要把“精密、细致”当做自己的工作准则，才能出色地完成每一项工作。

时间过得真快，林兵来到盛丰汽车公司已经有大半年了。刚到公司，虽然接受了一个多月的新人培训，了解了公司财会工作的基本流程和要求，但是在正式接受任务后，操作第一个月的凭证时，林兵还是出了不少错误。

比如，在出纳过程中，如果是用现金付款，应该在报销单和发票上盖“现金付讫”，如果是用银行付款，则应该盖“付讫”，两个印章是分开的，这样在核对账目的时候就比较清楚，不容易混淆。可是林兵常常一忙起来就忘了，总是全用一种印章，一顺地盖下来。

师傅许明生提醒他好多次，可是他老记不住，还觉得这样没什么大不了：“反正都是已付款，至于用什么形式付的不是一样吗?”

到月底统计审核账目的时候,问题暴露出来了,林兵负责项目的收入现金数额和发票上的现金数额对不上,足足少了两万多块!这可把林兵急坏了,两万多块是他大半年的工资了。林兵想不起来问题出在哪儿了,每收到一笔现金,他都清点过,一分不少啊。

许师傅让他别着急:“你再想想,你平常老是两个印章混着盖,看看是不是把银行付款也盖成现金支付的章了?”

林兵赶紧照许师傅说的,把银行付款的记录清点了一遍,果然,两万多块的空缺都藏在这儿呢,倒是自己把自己吓了一跳。

当晚,许师傅陪着林兵熬了一整个通宵,才把账目重新整理好。这件事虽然没造成什么损失,但是林兵在工作中再也不敢马虎大意了,他始终记着师傅的那句话:“咱们做会计,做的就是细心,心稍微粗一点,那都是要出问题的。”

正如许师傅说的,做会计做的就是细心,粗心和马虎迟早会出问题。因为会计本身的职业特殊性,总是跟账目、数字、金钱打交道,稍不留意,就会造成如林兵那样的账目审核对接不上。作为直接经手人,就要为此承担责任,为自己的“马虎”买单,实在是得不偿失的。

所以,在财务工作中,我们绝对不能做“马虎先生”,而应该细致地把每件事都做到位。下面的建议,也许可以帮助你改掉粗心的坏毛病,做个细心人:

第一,睡觉前留几分钟为第二天的工作做准备,这样可以避免到时候对纷繁的任务应接不暇,手忙脚乱。每一个细心的财会人员,都有提前做准备的好习惯。

第二,严格遵守时间,宁可早到一个小时也不要迟到一分钟。财务人员应该养成很强的时间观念,不论做什么事情都务必准时到达。这首先是对工作、对客户的尊重,更重要的是,时间上的宽裕更能让我们保持头脑清醒,才有更多的精力考虑细节问题。

第三,准备“日常备忘录”。财务工作常常显得繁琐复杂,小任务层出不穷,这就难免造成财会人员会记混、记错,甚至遗忘和漏掉细节。这时候,准备一份详细的备忘录,将工作都按照条例和顺序依次记录下来,有条不紊地进行，每做完一项工作就做好标记。这样一来，在处理单项任务的时候，财务人员就可以集中注意力，把事情做细致、做到位，不用再为其他的任务担心得焦头烂额了。

第四，养成检查的好习惯，特别是针对细节处的检查，这样可以避免出现一些无心和大意造成的小失误。

财会工作中，多一分细致，就多一分财务安全保障；少一分马虎，就少一分责任承担风险。所以，对于财会人员来说，严谨、细致的工作态度利人利己，是人人必备的"平安符"。

2 精益求精，力求完美

更高的工作品质源自于更高的工作追求，财会人员应该抱着追求完美的态度去对待每项任务：账目核算可以做得更条理清晰，一目了然；公司的财务计划可以在成本上更精简，减少不必要的浪费……有了这样的追求，才能发现工作中的疏漏和不够完美，才能把财务工作做得更加滴水不漏。

财会工作是一个"斤斤计较"的行业，每一个细微处的改进和完善，都能给公司的效益带来质的飞跃。

桌上还有半杯咖啡，会计许家明已经趴在一旁睡着了。这一个星期把他累得够呛，愣是几宿没合眼，就是为了拟定公司下半年的财务计划。

他所在的是一家老字号的医药公司，最近市场上新出了一种治疗胃病的新药，在强劲的宣传势头下，取得了很不错的销量。所以，许家明所在的公司也在考虑，下半年要不要大量引进这种新药。

财务部的大多数成员都同意这个想法,因此,许家明开始着手拟定财务计划,把新药的投入统计进去。按照公司的惯例,每次引入一种新药,首批投入的预算是十万。因此,许家明其实只要依葫芦画瓢地照这个标准去拟一份计划书就行了。但是他考虑到,胃药不是稀缺药品,市面上品种繁多,客户们都认的是老品牌。加上,该新药的生产厂家也不算很出名,就怕老客户们信不过它。

于是,许家明向财务经理申请,给他一个星期的时间,在做过详细的市场调研以后,再提交一份更准确的计划书。财务经理对他的这种认真劲儿很满意,高兴地答应了。

下去以后,许家明积极地和市场部同事们共同讨论,结合市场销量和口碑,最后权衡利弊,得出结论:市场的高销量仅维持了两个月,目前已经陷入瓶颈,用户的口碑也只是一般。所以,为了保守起见,大家一致同意将投入的预算精简到六万元。

公司按照许家明提交的这个方案实行以后,果然取得了稳定的收益。大家开会仔细研究了一下,当初如果投入十万元,那四万元只能是打了水漂,六万元的投资属于刚刚踩线,虽然赚得不多,但是已经比其他公司幸运很多了。而同行业其他一味跟风的公司,在这种新药上一下子投入几十万元,结果这阵销售热潮过去,新药都堆积在仓库里成了废品。

要不是许家明在工作中的"较真",公司可能就会糊里糊涂地跟风,跟其他公司一样蒙受巨大的损失。或者许家明对待工作再少花一分心思,延续之前的传统依葫芦画瓢,那么公司也无法获得利润。

每个财会人员为了保护公司的利益不受损害,就应该学习许家明这种"较真"的精神,在工作中不断提高对自我的期许,对任何事情都全力以赴,争取达到精益求精和尽善尽美,让每个任务经手到自己这个环节,都能被贴上"完美"的标签。

追求完美,这个信念似乎有着神奇的魔力。有关专家发现,持着这样的信念去投入工作,即使没有达到既定的目标,也会比按照普通标准去做的结果好得多。

在某家世界 500 强的大公司里，推行着这样的理念："在此，一切都追求完美。"不论在这个追求的过程中遇到多少困难，但是每一次的突破，都能让企业获得效益，都能让财会人员自身得到进步，提高自我价值。

财会工作的结果出色与否，不是我们能够预料的。在过程中是否用心，却是我们可以控制的。精益求精和追求完美，即使工作不能如我们期许得那么顺利，但是起码可以做到问心无愧，因为自己用心去做了，这是一种基本的职业道德。

另一方面，抱着这样的态度和信念去工作，也是为了给自己一个交代。或许我们觉得优秀的"注册会计师"这个目标至今还遥不可及，但是只要每一天都对自己多一点要求，持之以恒地努力下去，不知不觉，就会发现自己的知识和能力有了质的飞跃。追求完美，是对自己的一种信任和肯定；精益求精，是一种学习和探索的精神，有了这种精神，我们广大的财会人员才有了不断进步的动力。

3

认识错误，改正错误，弥补错误

财会工作有着经济规划、审核、监督的重要作用，随着它的职能不断深化，工作的质量也越来越受到相关财务部门的高度重视。

虽然财务部门对质量常抓不懈，财会工作人员也恪守严谨认真的工作原则，但是犯错误始终是不可避免的。

关键在于财会人员对错误是及时纠正，还是回避和掩饰。如果不及时地纠正错误，加以弥补，就会让小错酿成大错。

上午，公司的财务部会议上，经理批评了会计夏美，她现在心里还觉得委屈呢，做账的时候也心不在焉，一点效率都没有。

这时候,夏美接到一个电话,是刚辞职的上任会计李云打来的。李云在那边连声道歉:"对不起啊,小夏,都怪我没有在交接工作的时候跟你说清楚……"

事情是这样的。夏美所在的是一家保险公司,上个月公司调整了保险收费制度,但是当夏美依照新制度给一位客户打投保凭条时,却引来对方的大为不满,甚至说要投诉。这是位老客户,但是由于夏美刚来公司两个月,所以不是很熟悉。

这位老客户收到凭条以后,发现收费制度和以往的不一样,并在投保金上有所增长,所以很生气,认为该保险公司不够诚信,在没有通知自己的情况下就擅自修改制度,给自己带来了经济损失。老客户决定撤销在公司的大批投保项目。

为这事,早上经理狠狠地批评了夏美,说她工作没做到位,没有向客户交代清楚,才造成了客户的不满。

夏美嘴上认错,可心里不服气:这也不是我一个人的责任,要怪也要怪上任会计李云。她没给我把工作交接清楚,我怎么知道哪些是新客户,哪些是老客户啊。

所以,下午李云的这个电话,总算让夏美的心里舒服了一点。电话里,李云为自己的考虑不周道了歉。

夏美不解地说:"李姐,你不是已经不在这儿工作了吗,还这么关心公司的利益?"

李云笑着说:"这次的失误跟我的交接工作不细心有关,怎么能让你一个人背黑锅。"

夏美反而不好意思了,她深深地为自己的心胸狭隘感到惭愧。接着两个人认真商量起挽回这次损失的办法。

她们经过细心地分析,发现客户之所以这么生气,一方面是由于公司没有通知他修改制度这件事情,而更重要的一方面是,新制度比老制度的投保费用高,因此老客户觉得自己不明不白地蒙受了经济损失。

所以,针对这个心理状况,夏美和李云很诚恳地上门向老客户表示了歉意。老客户开始还不买账,直到夏美和李云向他娓娓道来新制度为客户带来的好处,而且这些好处相比起经济上表面的损失金额甚至更为丰厚时，老客户脸上才渐渐出现了笑意。

最后，夏美和李云礼貌地向老客户告别："这次失误给您带来了困扰，我们会尊重您撤销在本公司投保的决定。非常期待以后还有机会合作。"

这时候，老客户心里的不满和误解早就一扫而空，他高兴地说："不用等以后了，有你们这么诚恳的职员，我非常愿意并且放心在你们的公司继续投保。"

上面的例子告诉我们，错误都是可以弥补的，关键是看自己有没有认错的诚意，会不会用正确的方法，消除错误带来的误解，挽回错误带来的损失。

要弥补错误，首先要能对错误有正确的态度。面对错误，财会人员首先要勇敢、虚心地正视错误。引起错误的原因可能有很多，除了财会人员本身的知识、能力、方法不足这些主观因素，也有可能是财务部门政策调整、人员交接混乱等客观因素。对财会人员来说，自己是第一经手人，错误在自己手上发生，自己肯定有不可回避的责任。所以，无论错误是被谁发现和指出的，财会人员都应该虚心接受，并把这当成是善意的提醒。

认识错误的态度应该是严肃认真的，而不是应付和敷衍的。因为每一处错误就是一个工作漏洞，不严加防范就会造成严重的损失。

认识错误不是目的，改正错误和填补漏洞才是目的。财会人员千万不要因为怕没面子、怕挨批评，就对错误推卸责任甚至刻意隐瞒，严重点来说，这相当于"有意识犯罪"，比之前的无心之失更为恶劣。

财会人员要积极分析造成错误的原因，及时采取纠正和补救的措施，将损失降低到最小。如果自己有不懂的地方，可以多问经验丰富的会计，或者向领导寻求帮助。

"亡羊补牢，为时未晚。"财会人员一定要对错误有正确的认识，首先错误并不可怕，它只是及时地暴露出问题。可怕的是我们对于错误置之不理，甚至逃避推卸。如果能抱着积极的态度，去及时妥善地修正错误和解决问题，反而能让错误从"坏事"变为"好事"，让我们吸取教训，获得宝贵的经验。

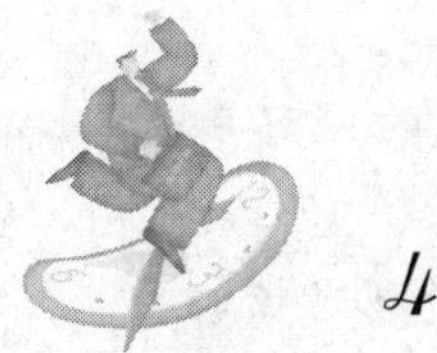

4

只有认真的态度,才有卓越的成就

如果优秀的注册会计师是你的梦想,如果你想在财会的职业中有所作为,那么换个角度想想:如果你连分内的工作都不能认真专注地做好、做到位,那么如何有能力去承担更多的挑战性任务?如果你反映给老板的是心不在焉的工作态度,老板又怎么敢赋予你更高的职位,谁能保证你不会带着下属做出一批"糊涂账"呢?

可能是"认真"二字显得太过简单、太过质朴,因此很多财会人员反而忽略了它的价值。随着学识、阅历的不断增长,我们总是希望能找到通往成功的捷径,能让工作更轻松省力,甚至把"认真"当成了一种笨方法,慢慢地压到了箱底。

但可惜的是,目前为止,我们还没有发现任何一项成就是靠"捷径"达到的。"没有人能随随便便成功",这是一句真理。态度决定成就,认真的态度,可以让一个平凡的人脱颖而出,做出不平凡的成绩;反之,不认真、不专心的话,即使是才华横溢的人,也只会漏洞百出、碌碌无为。认真,永远是成就的奠基石,是梦想的翅膀。

郭平和宋晓涛是上海某财经大学的同学,毕业前夕,班里很多人都表示希望能留在上海发展,他们俩也不例外。凭着优秀的专业成绩,两人总算从人山人海的招聘会中脱颖而出,幸运地被一家跨国企业同时录用了。

当晚,两个年轻人在东方明珠上眺望夜景,都立下志愿想要在这个繁华的国际大都市混出一番名堂。

在学校的时候,郭平处处比宋晓涛表现得更为活跃。郭平是学生会主席,热情、大方、交际能力强,各科老师都很喜欢他;

而宋晓涛只是班里的学习委员，除了成绩优秀，每年都能拿到奖学金以外，似乎没有什么其他的特点了。

可令郭平没想到的是，进入企业以后，他往日的光环和风头，竟然全都被宋晓涛抢去了。

一开始，郭平信心满满，认为自己肯定能很快受到老板的重用。他想，要想受重视，就应该多表现。所以，他沿用学校里的那一套，每次公司召开什么财务会议，拟定财务计划之类的，他总是发言最积极的那一个。的确，这样几次会议下来以后，大家都渐渐对他留下了深刻的印象。

但是日子久了，领导们就发现，郭平是个说空话不做实事的人，交给他处理的工作，总是虎头蛇尾，中间的账目数据潦草、混乱、错误百出。而他提的那些似乎很有创意的财务计划，仔细分析起来，也根本经不起推敲，缺少实际调查作为依据。渐渐地，领导对他开始失望。

相反，领导们却慢慢开始留意起另外一个年轻人——宋晓涛。这个小伙子平时话不多，做起事情来却非常踏实稳重。同事们经常看他留下来加班，有的时候几天几夜通宵，就是为了整理核对一份财务报表。难怪他提交上去的报表，总是条例清晰、数据准确、一目了然。

一年以后，公司的财务主管一职出现了空缺，领导们很自然地想到了宋晓涛，并在部门会议上宣布了此事。

郭平心理很不平衡，在会议上一言不发。领导看得出他的"委屈"，没有直说，只是点他起来汇报一下公司上个季度的财务收支状况。郭平正在恍神呢，听到自己的名字，赶紧站起来开始翻查自己的财务记录本。可是记录上字迹不清、日期不明，他费了好大劲才找到前三个月的记录，就支支吾吾地照着念了一遍。

主管让他坐下，又让宋晓涛起来汇报一下上半年的财务状况。宋晓涛没有翻什么记录本，直接流利地把六个月来的各项收支报了出来。领导满意地点头微笑，郭平在一旁听得傻了眼，他这才意识到自己的差距，惭愧地低下了头。

如上面的例子，好会计就是一本"活账本"，对公司各项收入的来源、支出的用途,各种产品收益在总收入中的百分比,哪些项目盈利更多,这些细枝末节,都要做到心中有数。做事认真,就要下苦功,把各项账目都存到脑子里,这是用心工作的过程。

在众人眼里资质和能力稍逊一筹的宋晓涛,反而获得了领导的赏识。他没有什么花哨的方法和技巧,仅仅是凭着踏实认真的态度,把每项工作都做到实处,才一步一个脚印地获得了领导的信任。我们相信,这个认真努力的年轻人,如果能一直保持这种精神,一定能成为一名优秀和受人尊重的会计。

要成为一名优秀的受人尊重的会计,绝对不是一日之功,也绝对掺不得半点投机取巧。这种成长和进步,得益于无数个日日夜夜的认真和努力。

认真,是一种硬实力,是世界上最伟大的力量。不认真,是现代人的通病,在职场上似乎更是一种常态。不认真的财会人员比比皆是:上班迟到、早退,没有时间概念;在公司财务会议上窃窃私语;拟定财务计划的时候三心二意、草草了事;填写财务报表弄错一个数字;文件随看随扔,等到要用的时候又不知道放到哪里去了。

认真,是优秀的财会人员的必备素质。只有认真专注地对待自己的工作,才能把工作做好,发掘出自己潜藏的才华。

学历、能力不相上下的财会人员很多,但是最后取得的成就却大不相同。这是为什么呢?还是那句话,态度决定成就,态度决定习惯。不认真是一种坏习惯,一时不认真,就会常常不认真,一次不认真,就会事事不认真。

即使某些财会人员资质不凡,拥有过人的潜力,但是如果在工作中不认真、不投入,就没办法把自己的才能发挥出来。反而那些资质似乎不突出的人,秉持着认真的态度,投入百分之一百二的精力,兢兢业业地完成每项任务。在每一次的努力中,自身的水平不断提高,不断超越自我,最终才能获得丰硕的成果和优秀会计师的殊荣。

5

糊弄工作就是糊弄自己

从事财务工作，我们经常碰到“一路坎坷”的财务工作者，他们一味抱怨工作的艰辛，抱怨老板的不近人情。正是因为这些抱怨，他们开始自暴自弃，糊弄工作，最后让自己的人生一败涂地。

其实，导致他们“一路坎坷”的原因并不是他们所抱怨的，而是因为他们的自暴自弃和糊弄工作，糊弄工作其实就是在糊弄自己。

“小陈，上个月源丰公司的那笔汇款有问题，你下去查一下汇款的具体时间，是从哪个银行打的款，金额多少，马上汇报给我。”

会计陈素口头答应着，心里却打起了鼓。这可怎么办啊？

原来，公司对每个会计的要求是“三账齐全”。三账即：日账、月账、年账。

刚入职时，小陈也能严格遵守规定，每天不管忙到多晚，都会把当日的账目详细清楚地记录下来。可是日子久了，她发现这基本是一项“做做样子的账”，根本没人管没人查，她做不做也没人知道。小陈想，反正领导一般只查月账，要不就把日账这一项省了，改为一周记录一次。只要把发票、收据、报表都整理好放在那里，一周记录一次也不会有什么问题，还落得轻松。想到这里，小陈还颇为自己的小聪明感到沾沾自喜。

头两个月，小陈心里还有点紧张，生怕领导问起。可是两个月顺利地过去了，什么事都没有，工作如常进行，小陈也乐得轻松。以后，她就把这个“好习惯”保留了下来，胆子也越来越大，遇到领导提起：“小陈，账目都要一笔一笔地做细致啊，千万不能怕麻烦，这弄错一笔就可能造成公司几万到几十万的损失。”小

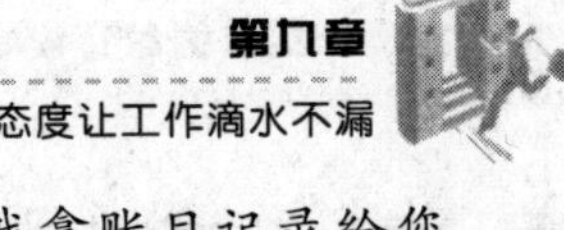

陈还笑着保证道："没问题，您放心好了，要不我拿账目记录给您看看？"领导也对她的回答很满意，自然没有真的去翻看她的账目。

这下，领导让她去查八月份一笔项目的具体情况，可是她根本没有做过详细的日账记录，上哪儿去查啊？眼下唯一的办法就是回去找出八月份所有的发票和收据，一一地进行核查了。

公司一天的营业额上千万，发票收据大大小小的就有百来张，别说一个月的单据了，就是一个星期的，就够整理好一阵子。陈素焦头烂额地找着，这时领导的电话又催过来了，领导在那边火急火燎地："小陈，让你查个记录怎么这么磨蹭，对方公司都催好几遍了！算了，你把日账记录给我，我自己来查。"

小陈这下傻眼了，在电话里吞吞吐吐地说："老板，这……"知道实在瞒不过去了，小陈就把实际情况一五一十地交代了。

领导顿时火冒三丈，认为小陈的工作态度存在很大的问题。当天下午，她就收到了一纸解聘书。

收到解聘书的时候，相信小陈的心里一定充满了后悔和懊恼。如果再给她一次机会，她一定不会再耍这种小聪明。可是生活中很多事情根本就没有重来的机会，被解聘的结果，也是她自己一手造成的。

可能，小陈此时还在抱怨："自己怎么会那么倒霉，就撞到枪口上了？"其实不然，存着这种侥幸的心理，迟早是会出事情的。

要知道，财务工作者每天都要和不同的数字和账单打交道，这就要求我们具备高度认真的态度。只有这样，才能保证工作的万无一失，才能对那些繁琐的数据掌控自如。如果财务工作者忘记了自身的天职，整天想着如何糊弄工作，那么，最后迎接我们的就可能是公司的"解聘通知"，到那个时候也只能是后悔莫及。

作为财会人员，如果你对工作打折扣，那么你的前途也会因此而大打折扣。有些人老想着投机取巧、走捷径，或者在领导监督的时候就装装样子，领导不在的时候就偷懒、散漫。

糊弄工作就是糊弄自己，要是不把工作老老实实地做到位，到头来做得不好还要自己返工，或者出了纰漏承担责任的还是自己。对于一个总是出纰漏的财会人员，老板不会信任他，他在业界的声誉也不会好，所以说，敷衍工作最大的受害者是自己，这无疑是葬送了自己的前途。

有些财会人员，可能已经入行十年了，可薪资、职位还是在原地踏步，他在委屈和不满的时候，有没有反思过自己对工作到底投入过多少，自己在这十年中到底学到了多少知识，能力提高到了什么样的程度？这时候，他才会恍然大悟，也可能会懊悔不已，因为，他敷衍了工作，工作耽误了他的青春。

人们常说，态度决定一切。我们无法想象，一个整天糊弄工作的财务工作者能够将每天的账目整理得井然有序；我们无法想象，一个工作不认真的财务工作者能够赢得领导的认可，赢得同事的尊重。相反，财会人员对工作的“糊弄”恰恰证明了他们的肤浅——每天和金钱打交道，最后却仅仅是为了每个月的薪水而工作。

由此可见，敷衍了事、糊弄工作不仅不能提升财会人员的能力，还让他们一事无成，白白浪费自己的时间和精力。所以说，作为一名财会人员，我们要时刻保持认真的态度对待自己的工作，只有这样，财务工作才能精益求精，我们才能成为真正的财务工作者。

第十章　廉洁自律:廉洁是立身之本,自律是成功之门

廉洁自律,这应该是每一名财务工作者都具备的职业道德——要正确认识到我们手中的财务管理权是一种不容侵犯的权力。对每一名财务工作者而言,自己的权力越大就说明责任越大,决不能把所掌握的权力变作谋取私利的特权,无论我们每一个人有什么特殊要求,决不能利用职务之便侵吞集体财产,保持清醒的头脑,决不以任何形式,用权力去为自己或他人谋私,也不被他人利用去谋私,做到一尘不染。所以说,廉洁是立身之本,自律是成功之门。

1

廉洁自律是立身之本

廉洁自律，是一种优良的传统美德，是一个人品质高尚的表现，也是一个财务工作者必须具备的基本作风。所以，财务工作者在工作时一定要有廉洁自律的思想意识，清楚地知道廉洁自律是立身之本。

要通过廉洁自律，让自己更能够胜任这份工作，为企业的财务工作做出巨大贡献，成为企业不可或缺的财务人员。

要知道财务工作者的工作既是企业赋予的一项权力，同样也是财务工作者自身的一项义务。财务工作者要清楚地认识到权力是柄“双刃剑”，既能让自己变得高尚，成为企业不可或缺的财务工作者，也能让自己变得堕落，成为企业的“蛀虫”。所以财务工作者在工作时要拥有廉洁自律的思想意识，分清哪些事情是应该做的，哪些事情是不应该做的。对于该做的事情，要尽全力去完成；对于不该做的事情，即使是领导的命令，也要敢于拒绝服从。廉洁自律是财务工作者良好工作的重要条件。

所以说，财务工作者在进行工作时要拥有廉洁自律的思想，要拥有“勿以恶小而为之，勿以善小而不为”的工作态度。要清楚地认识到细节并非小事，对于细节如果不能良好地处理，可能会因小失大，造成自身的腐化堕落，最终为自己、为企业带来巨大的灾难。而财务工作者如果能够做到廉洁自律，那么就会更加积极努力地去工作，胜任自己的工作，最终为自己、为企业带来巨大的财富，成为企业中不可或缺的人员。由此可见，廉洁自律是财务工作者防微杜渐、拒腐防变的有力武器。

上海市的一家大型工厂内，一位财务会计正在飞速地进行

财务核对。只见他一边进行着账簿核对，一边四处张望，然后趁没有人注意，偷偷地将一沓钞票塞入自己的上衣口袋中，然后继续进行账簿核对。

这时，领导走了进来，询问工作情况。这位财务会计一边进行着核对，一边向领导说明。当然，他将其中的一部分内容删掉了。领导听完后，点了点头，然后向其他人员走去。这位财务会计看见领导走后，松了一口气，继续工作。

这位财务会计来这家工厂工作已经三年了。三年来他一直兢兢业业，对每一项财务都仔细地进行核对，将公司的财务处理得井井有条。然而最近，他却因为工资问题，对公司有了不满的情绪。

他认为，自己一直兢兢业业地工作，对每一项工作都处理得井井有条，领导就算不给他提升职位，也应该提升工资。然而面对着许多员工都提升工资而自己的工资却没有提升，一股不平之气让他找到领导询问原因。

领导对他这个问题做出了解释："财务人员的工资本来就比其他人员要高。其他人员辛辛苦苦在外面工作，而财务人员只需要在办公室里整理财务，工资却比别人高。如果我不给他们提升工资，他们就不会为公司努力工作。而且公司也明确了一点：财务人员的工资是依据财务工作者的表现和为公司的贡献而定的。如果我随便给你涨工资，公司的规定就会荡然无存。当然如果你能做得更好，我自然会给你涨工资的。"

对于领导的解释，这位财务会计人员丝毫不能认同。他认为自己为公司兢兢业业地进行工作，也算是为公司做出了贡献，凭什么就不能涨工资？但是他当时没有说，心底却琢磨如何才能将自己的工资"要"回来。

在之后的工作中，他便漫不经心，经常在财务核算时丢三落四。因为他之前的优异表现，领导自然也对他的账簿核计信以为真。一次工作中，这位财务会计顺手将一张百元钞票放入自己的口袋中，然后在账簿上少核算了一百元。领导来检查账务时，这位财务会计将少了一百元的账簿交给了领导，领导翻了翻后，感觉没有什么问题，便又交还给他。

第一次的成功让这位财务会计心中窃喜，他终于找到了“要”回工资的方法。在之后的工作中，碰到数额巨大的财务时，他总是少计些数字，然后将少计了的钱收入自己的口袋内。而对于较小的财务，他还是认真地填写账簿。这位财务会计渐渐大胆起来，从之前的一两百元竟然升到了一两千，最终形成了“一日不食公司账，夜晚饭菜均不香”的状态。

公司的财务因为经常出现不对账的情况，导致公司财务的亏空。领导对于财务的亏空状况采取了各种弥补措施。因为公司的亏空，员工的工资被相应地降低了，当然也包括这位财务会计……

“勿以恶小而为之，勿以善小而不为”，这是一句流传多年的话语，它告诉我们，做任何事情都要本着善念，廉洁自律。而不要因为这件事情的坏处很小，便毫不犹豫地去做。财务工作者在进行工作时，一定要廉洁自律，掌握住工作中的每一个细节，让自己成为公司不可或缺的优秀人员，而不是成为公司的“蛀虫”。

我们要清楚地知道，廉洁自律是立足之本。廉洁自律能够提高财务工作者在公司的形象和地位。财务工作者要想得到领导的重用，成为企业中不可或缺的人员，就要做到廉洁自律，提升自身的形象。财务工作者要做到在金钱面前不动摇，在利益面前不妥协，要清楚地认识到廉洁自律是自己之所以能够从事这项工作的基本原因，也是重要原因。

其实，财务工作者的廉洁自律最终体现在爱岗敬业、尽职尽责上面。财务工作者要想成为企业中不可或缺的一员，就要提高自身的廉洁自律意识，让自己能够胜任财务工作，为企业的财务工作做出巨大贡献。廉洁自律是财务工作者尽职尽责、成就事业的根本保证。

财务工作者要想让自己成为企业中不可或缺的人员，就要有廉洁自律的意识。廉洁自律的思想意识是财务工作者能够取得成功的重要前提。财务工作者要清楚地了解到：廉洁是立足之本，自律是成功之门。只有做到廉洁自律，才能让自己开展的工作变得更加完善，更加优秀。那些在企业中不可或缺的财务工作者，都是能够廉洁自律的财务工作者。

2

准则至上,清白做人

财务工作者在工作时要做到准则至上,认清什么事情该做,什么事情不该做,要让自己清清白白地站立在自己的岗位上进行工作。

"粉身碎骨浑不惧,要留清白在人间。"这句话告诉我们一个道理:无论做任何事情,都要保证自身的清白。财务工作者也要有"要留清白在人间"的思想,通过廉洁自律,让自己成为企业最信任的人,让自己成为企业不可或缺的人——清白,是财务工作者立足于工作之上的基本。

财务工作者在进行工作时,要做到准则至上,要清楚地对每一件事情有准确的认知,分清工作的可为性。对于那些能够帮助自己成长、帮助企业进步的正确的事情,做到坚决服从,努力完成。对于那些会让自己堕落、让企业崩溃的事情,即使是领导的命令,也要做到拒绝执行并劝说领导改正。财务工作者要做到在金钱面前不动摇,在利益面前不妥协,让自己清清白白地进行工作。

大连市的一家公司内,领导正在对每一个员工的工作进行检查。只见领导面色凝重,许多员工也是面面相觑。

"近日公司内有些财物丢失,为了追查明白,公司决定对大家的工作进行检查。望大家积极配合。"领导对员工们说道。然后开始检查工作。

领导核实每一个员工的工作记录,没有发现员工有盗窃公款的嫌疑。本来这是一件值得高兴的事情,因为公司的员工自律性都很高。可是领导的眉头却越皱越深。

这时,有人说道:"公司的财务都是由财务部掌管的,我们根本没有机会去盗取。他们就不一定了。"顿时底下哗然一片,许多人都说道："对，对，一定是财务部的人干的。"

领导听见后，眉头皱成了"川"字形，因为财务部的人都是自己最信任的人，他们怎么可能会做出这样的事情呢？但是从员工的反应来看，却又不得不将财务部的人列入嫌疑之内。领导思量了一番后，决定去财务部看看。

这时，财务部的人正在进行财务核查工作，许多人见领导皱着眉头走进来，都放下了手中的工作，唯独一位财务会计仍旧在不停地忙碌着。

领导向财务员说明了原因，财务人员听后也是面面相觑，他们怎么也想不到公司的财务竟然会丢失。为了尽快解决这件事情，许多财务员都积极配合起领导的检查，主动将财务核查结果交给领导。领导一一核实后，发现一名财务会计仍旧在那里进行工作，走到他的面前，却什么也没有说。

"小张，领导要查公司财务丢失的事情，你也配合一下啊。"这时，一名财务员向正在工作的会计说道。那位叫小张的会计听到后，应了一声，刚想起身，却听见领导说："不必了，我相信你没有做这件事。"

其他财务员听见领导的话后，一片唏嘘。领导转过身，说道："我相信他，自然是有理由的。因为这几年的财务工作，唯有他没有出现过任何错误，财务账簿与我手中的都十分吻合。你们的财务工作则或多或少都有些问题，这些问题很容易造成公司财务的流失，所以我才会对你们进行检查。我没有理由不相信一个该相信的人。"

那位叫小张的财务人员听到后，急忙说道："我与其他人一样，既然身为财务部的一员，就应该接受检查。"说完，他将财务账簿递给领导看，却被领导拒绝了。领导笑着说道："一个敢于将自己的工作状态完全呈现给领导看的财务人员，一定是个清白的财务人员，否则他是不会有这样的自信的。我相信你是清白的，因为你的工作是大家有目共睹的。"

小张听见领导对自己是如此的信任，心中有些激动，但还是让领导对自己的工作进行检查，原因是为了不让自己有什么独

特感。领导拗不过他,就将他的工作仔仔细细地看了一遍。在翻看小张的工作时,领导意外地发现了那些丢失的财务。

原来,那些丢失的财务并不是被人盗窃了,而是为了要新进一批生产工具给花了。而这些花销,小张的账本上清清楚楚地记载着。领导将账簿还给小张,笑着说道:"你看看,人老了就是不中用,连这些花销都给忘记了,还好你在工作中有记载,否则我真的不知道要到什么时候才能想起来。"

面对着领导的表扬,小张只是挠头笑着说道:"记录公司的每一项开销,这是我的工作。"

领导笑着点了点头,然后向其他财务人员说道:"看吧,我没相信错人吧。你们要想像小张一样得到信任,就要认真地对待自己的工作,做到廉洁自律。要知道,廉洁自律是成功的基础。"

那些财务人员听到领导的话后,心中都是一阵感慨。在以后的工作中,这些财务人员都将公司内部的每一项财务进行良好的记录,以最小的消费为公司获得了巨大的利益,为公司的财务工作做出了巨大的贡献。领导为了表扬他们,还给他们增加了工资。

小张为什么能够得到领导的信任,被领导排除在检查范围之内呢?因为他做到了准则至上,他能够通过廉洁自律,良好地进行工作。他能够认清自己工作中的准则,通过多次的核对,并没有出现错误,让他得到了领导的信任。所以他能够清清白白地在财务部进行工作,而领导也对他十分放心。

财务工作者要想成功地立足于自己的工作岗位,成为企业中不可或缺的人员,就要具备廉洁自律的思想意识,清楚地认识到廉洁是立足之本,自律是成功之门。

财务工作者在进行工作时要拥有"准则至上,清白做人"的思想,要清楚地知道这样的思想是让自己立足于这项工作的前提,是自己能够良好地进行工作,成为企业内不可或缺的财务人员的重要途径。

3

加强自律意识

财务工作者在进行工作时，一定要有廉洁自律的意识，对于不应该做的事情坚决不做。即使是领导的命令，也要分清是否可以去做，对于正确的命令，一定要坚定不移地去认真执行；对于不正确或不合理的命令，要清楚地告知领导，请领导改正。

加强自律意识是财务工作者立足于企业的基本，能否拥有自律意识是财务工作者能否在企业工作的基础，能否加强自律意识是财务工作者能否胜任财务工作的前提。财务工作者要想成为企业中不可或缺的人员，就要有较强的自律意识。

加强自律意识是财务工作者在进行工作时的一个基础要求，同样也是一个重要要求。财务工作者要想胜任自己的工作，就要加强廉洁自律的意识，要清楚地认识到：廉洁是立身之本，自律是成功之门。财务工作者有了自律的意识，就能够在工作中良好地约束自己，胜任自己的工作，成为企业中不可或缺的人员。

南京市的一家大型造纸厂内，许多财务工作者正在忙碌地工作。这时，领导走进来，找到一名财务工作者，请他出去谈话。

被领导叫出去的这位财务工作者叫张峰，他刚来这里工作没有几天。当领导叫他出去谈话时，他的心中正忐忑不安，心想会不会是自己在工作上犯了什么错误。

张峰来到领导的办公室，领导笑着对他说："坐下吧，咱们聊聊。"张峰忐忑地坐了下来。

"最近感觉工作怎么样？"领导笑着问道。

"还好，就是最近比较忙。"张峰老老实实地低头说道。

"哦？最近比较忙？怎么回事？"领导有些疑惑地问道。

“最近不知道怎么回事,公司财务的账单总是对不上账。为了解决这个问题,我和几位会计都忙个不停。”张峰说道。

“哦,的确是该好好查查。会不会是因为最近公司内部新进的材料,让有些账支出了呢?”领导问道。

“我也想到了,可是进入的材料账单与账簿的记录十分吻合,所以不是这个问题。”张峰摇了摇头,说道。

“那会不会是因为最近有些财务支出没有及时记录呢?毕竟为了合作,许多领导都会支出一些财务的。”领导又思考着问道。

“那些支出账单我都核对过了,没有问题。”张峰又摇头说道。

“哦,那就算了吧。只不过少了一点财务费用,没必要这么较真。”领导笑着说道。

“不成,这些财务都是公司的经济收入,一点也马虎不得。”张峰立刻坚定地拒绝了领导的提议。

“这些都是公司的费用,只要以后补上不就成了,为什么一定要深究呢?”领导疑惑地问道。

“就是因为这些是公司的费用,所以才要弄清楚。如果这次的财务费用就这样不清不楚地过去,那么公司的财务就会不断减少,甚至亏空。身为掌管公司财务的财务工作者,弄清公司的账务是我的责任。”张峰坚定地说道。

领导严肃地看了张峰半晌,突然笑着说道:“好,好,公司有你这样认真负责的财务人员,财务问题一定能够得到良好的处理。那这件事就交给你处理了。”

张峰看到领导的反应,听到了领导的话,说道:“我一定会查出来这次的财务漏洞在哪儿的。”

“嗯,我相信你能做好。就凭你这样严于自律的精神,我完全相信你能处理好公司的财务。”领导笑着说道,“我之前也找过其他人谈话,也和他们说过同样的话。那些人就只是认为领导的话就得服从,所以他们就真的不管那些事情。只有你能够做到坚持自己的原则,做到自律。”

张峰说道:“那也许是他们将领导的话当做必须服从的命

令，而没有当成一种建议。我之所以能够拒绝，是因为我将领导的话当成一种建议，因为这种建议不可取，所以我才能够拒绝。”

领导听后，又笑着说道：“你的确与众不同。好了，快去工作吧。”

张峰向领导说了声“再见”后，便回到了自己的工作岗位，继续对那些漏掉的财务进行检查核实。因为得到了领导的鼓励，张峰对工作更加认真负责，最终将这些公司财务全部核实清楚，那些漏掉的财务也被他找到了。

张峰的自律意识，让他得到了领导的高度重视。领导经常在工作中表扬张峰，并号召全体员工向他学习。张峰因为得到了领导的认可，更加加强了自身的自律意识，为企业的财务工作作出了巨大的贡献。

张峰为什么能够得到领导的重视？因为张峰做到了严于自律。张峰清楚地知道自己的工作原则，对于领导的建议能够做到深刻认知，甚至加以否定，对自己的工作一丝不苟，进而为公司的财务工作作出巨大的贡献。所以他能够得到领导的重视和信赖。

由此可见加强自律意识，是财务工作者一项重要的思想意识。财务工作者在进行财务工作时，一定要有这样的思想意识，通过不断地加强自律意识，让自己在工作岗位上更好地进行工作，让自己更能够胜任这份工作，为企业的财务工作创造巨大的效益，进而得到领导的重视。

加强自律意识，是财务工作者立足于工作岗位的基本前提。财务工作者要想成为企业中不可或缺的一员，就要加强自律意识，清楚廉洁自律是工作的基本。

加强自律意识，是财务工作者的基本意识，也是财务工作者的重要意识。财物工作者有无加强自身意识的观念是财务工作者能否胜任自己工作的重要前提，财务工作者要清楚地认识到：廉洁是立足之本，自律是成功之门。

自律意识是财务工作者迈向成功的一项基本意识。一个成功的财务工作者，不一定是经验多么丰富的财务工作者，但一定是个严于自律的财务工作者。所以，财务工作者应该加强自律意识，让自律为自己的成功保驾护航。

4

把好名利这一关,一失足酿千古恨

财务工作者在工作时,要拥有廉洁自律的思想意识,清楚地认识到什么事情该做,什么事情不该做。对于该做的事情,要做到坚决服从领导的命令,一心一意努力地去完成。对于不该做的事情,即使是领导的命令,也要坚定地拒绝并劝说领导改正。财务工作者要做到在金钱面前不低头,在利益面前不妥协。要把好名利这一关,清楚地知道自律的重要性,否则就会一失足酿千古恨。

面对名利的诱惑,许多人都会难以控制自己,最终让自己走向万劫不复的深渊。财务工作者要想成为企业的支柱,就要把握好名利这一关,不受名利所惑,杜绝成为企业的"蛀虫"。而把握好名利这一关,就要求财务工作者要加强廉洁自律意识。

杭州市的一家大型服装公司内部,许多财务会计正在兴奋地讨论着本年度的最佳财务人员是谁,而唯独一位财务人员仍在那里进行着公司的财务核对。那些聊天的财务人员看见后,笑着说道:"别这么积极了,今年的最佳财务人员肯定又是你了。"

那位正在工作的财务人员听到后,笑着说道:"我并不稀罕什么最佳财务人员,我只要做好我自己的工作就成了。"说完,又开始埋头苦干。那些财务人员听见后,并没有再说什么,却分明表现出了"我不信"的脸色。

到了评选的时候了,那位财务人员的确如之前所言,再一次获得了本年度的最佳财务人员的称号。这已经是他第五次获得这个称号了。和他在一起工作的财务人员脸上或露出羡慕，或露出不甘的神色。

领导笑着让这位财务人员说一下感想。那位财务人员说道："其实我之所以能够一直获得这个称号，是因为我一直没有关注这个称号。"

对于这位财务人员的话，不仅那些财务人员愣住了，领导也愣住了。那位获奖的财务人员又说道："我能够连续五年获得这个称号，是因为我能够不将这个称号放在心上，一心一意地进行工作。我不是为了称号而工作，也不是为了工作而工作，而是因为我的责任是进行这项工作。"

那位财务人员顿了顿，又说道："为什么许多和我一样的财务人员想得到这个称号却又得不到？因为他们太在意这个称号，从而让自己的工作变得名利化，让自己为了得到称号而工作。这个思想虽然能够增强我们工作的积极性，但是却有一个很大的问题：一旦获得了这个称号，这些人便会形成一种优越感，进而让自己不能好好工作；如果得不到这个称号，他们的积极性就会被打击，在工作时就会变得懈怠散漫。这些都是不能让他们成功的原因。"

领导听完，笑着点了点头，问道："那么你的成功就是你能够放弃名利？"那位财务人员点了点头，说道："我能够连续五次获得最佳财务人员这个称号，就很好地说明了这一点。倘若我是为了名利而工作，那么我在工作时，完全可以抬高自己，不把工作看得重要。因为我做到了将前四次的名利放下，努力地进行工作，所以才有我第五次的成功。"

领导又笑着问道："那么如果你这次没有获选成功，你还会积极努力地工作么？"那位财务人员坚定地说道："会。我之前已经说过了，我并不是为了这个称号才努力工作的。我的成功源自于我能够放弃这个称号，能够认清我是为什么而工作。"

领导笑着点了点头，然后对其他人说道："这位财务人员的话值得我们深思。我们究竟是为了什么工作？名利只是对我们过去工作的一个认可，并不是对我们将来的认可。所以在工作

时，一定要把握好名利这一关。就像这位员工之前说到的，名利是柄‘双刃剑’，既能够给我们带来前进的动力，也能够给我们带来失败的后果。所以我们要把握好名利，不能让名利冲昏我们的头脑，造成‘一失足成千古恨’的现象。”

直到此时，那些一起工作的财务工作者才真正明白了那位财务人员之前跟他们说的那句话。从此，这些财务人员开始兢兢业业地工作。虽然同样是工作，然而工作的目的却大不相同。

因为这些财务工作者都有了放弃名利的思想，所以企业的财务工作变得更加完善，到第二年的评选活动时，竟然出现了优秀集体的情况。

为什么这位财务工作者能够连续五次获得最佳财务人员的称号？原因很简单，因为他做到了放弃名利。他清楚地知道自己是为了什么而工作，所以他能够让自己不受名利的影响。因为做到了放弃名利，所以他能够在工作上表现得更加优秀，进而为企业的财务工作做出巨大贡献，自然能够再次获得这个称号。

财务工作者在进行工作时，要拥有廉洁自律的思想意识，把握好名利这一关，做到不为名利所动摇，不要让自己在职业生涯中“一失足成千古恨”。拥有这样的思想意识，财务工作者就能够在自己的工作上不断进步，让自己成为企业不可或缺的一员。

财务工作者能否把握好名利这一关是财务工作者能否良好地进行工作、成为企业内不可或缺的人员的一个重要因素。财务工作者要想良好地进行工作，就要有廉洁自律的思想意识，要把握好名利这一关。财务工作者要清楚地认识到：廉洁是立足之本，自律是成功之门。只有做到了廉洁自律，才能让自己变得更加优秀。

那些企业中不可或缺的财务工作者一定是廉洁自律、把握好名利的财务工作者。因为他们能够意识到名利会让自己变得腐朽堕落，所以他们能够做到不被名利诱惑，做到廉洁自律。所以他们能够在自己的工作中变得更加优秀，成为企业中不可或缺的人员。

第十一章 虚心学习:放低姿态,不断学习才能长足进步

俗话说"虚心使人进步,骄傲让人落后。"财务工作者在进行工作时,要拥有虚心学习的工作态度,通过不断的努力学习,弥补自己的不足,将自己变得更加完善,让自己胜任这份工作,将工作做到极致。所以,每一名财务工作者要清楚地认识到:只有不断学习,才能让自己长足进步,让自己成为一名优秀的财务工作者。

1

三人行,必有我师焉

《论语》中有一句著名的话语“三人行,必有我师焉。”意思是,几个人在一起,其中必定会有我的老师。财务工作者在进行工作时,也要有“三人行,必有我师焉”的思想,学习他人的优点,让自己的能力变得更加完善。

财务工作者在工作时,要有积极发现别人的长处,认清自己的不足。通过汲取他人的长处,弥补自己的不足,让自己不断进步,不断完善。财务工作者要放低自己的姿态,清楚地认识到:只有不断学习,才能长足进步,才能让自己变得更加优秀。

然而,现在众多财务工作者却只能意识到自己的长处,意识不到自己的短处。总是习惯性地将自己的长处与他人的短处进行比较,从而形成一种优越感,出现骄傲的心理。殊不知,这种意识是不可取的,财务工作者不仅要认识到别人的长处,还要清楚自己的短处。用他人的长处与自己的短处进行比较,从而发现自己的不足,并通过汲取他人的长处来弥补自己的不足。所以,财务工作者要做到放低姿态,虚心学习。

上海市的一家大型电子零件公司,公司内部设有众多财务室,而这些财务人员,可以称得上是这家公司的财务专家了。

一次,公司领导与几个财务人员在一起聊天,互相探讨自己的经验。

一位在这家公司工作多年的财务员说道:“我因为来的时间比你们早,所以在财务工作上面,我比你们的经验知识更加丰

富,所以我能称为财务专家。”

另一位说道:“我虽然没有他来得早,但是我在这方面的学识高。因为我对这方面的知识了解得更丰富,所以我能够良好的进行工作,成为财务专家。”

第三个急忙说道:“我能够成为财务专家是因为我做事情小心谨慎,仔细对待财务工作的每一项环节。因为我小心谨慎,所以我没有在工作中出现过一次错误。”

这时,最后一位说道:“我能够成为财务专家,是因为我能够虚心向你们学习。第一位比我来公司时间长,我就向他学习经验知识,弥补自己晚来的经验不足;第二位能力比我强,我就向他学习专业的财务知识,弥补我不懂的、不会的地方;第三位比我细心,我就向他学习如何细心对待财务工作中的每一个环节。因为我了解到了你们的长处,并认识到自己的不足,虚心向你们请教弥补我的不足,让我更能在这项工作中发挥自己的能力。”

领导听了几位财务专家的话后,笑着点了点头,说道:“你们都有成为财务专家的原因,但是真正的财务专家却是最后那位。因为他能够看到你们的长处和他自己的不足,通过学习你们的长处,弥补他的不足,让自己变得更加适应这份工作,所以他才能够称为真正的财务专家。”

领导看了看众人迷茫的反应,又说道:“真正的财务专家永远能够发现别人的长处和自己的不足。你们的独特能力能够让自己成为所谓的财务专家,但却无法完善自身,让自身成为真正的财务专家。想要成为真正的财务专家,就要先学会看到别人的长处和自己的不足。通过汲取他人的长处来弥补自己的不足,让自己变得完善,让自己更胜任这份工作。而不是只看到自身的优点,用自身的优点与别人的不足进行比较,让自己变得骄傲。”

这时,大家终于明白了。原来,想要成为真正的财务专家,就要学会向他人学习。经过领导的讲解,几位财务人员终于明白什么样的财务工作者才是真正的“财务专家”。

真正的财务专家是能够发现别人的长处,认清自己不足,并通过向他人学习弥补自己不足的财务工作者。因为他们拥有“三人行，必有我师焉”的学习态度，所以在工作时，他们能够放低自己的姿态，通过不断地向他人学习而让自己长足进步，让自己变得更加完善，让自己更能够胜任财务工作，进而成为公司内真正的财务专家。

所以，财务工作者在工作时要拥有“三人行，必有我师焉”的工作态度，积极发现别人的长处，放低自己的姿态，了解到自己的不足。通过向他人学习，学习他人的长处，弥补自己的不足，让自己变得更加完善，让自己更能够胜任财务工作，成为真正的财务专家。

是否拥有“三人行，必有我师焉”的思想是财务工作者能否胜任自身工作岗位的基本前提。真正的财务专家都是能够发现别人长处，并汲取他人长处、完善自身的财务工作者。而无法成为财务专家的，只会是那些终日为自己的长处洋洋得意、自骄自满的人。

2 知识与财富是孪生兄弟

财务工作者在工作时要有“知识就是财富”的意识，要通过不断学习让自己变得更加完善，让自己在公司中变得不可或缺，进而为自己创造出更多的财富。

“知识就是财富”这是一个流传很久的名言，意思是说，知识与财富一样，知识可以创造出财富。财务工作者在工作时，要拥有这样的意识。通过不断的学习，让自己掌握更多的知识，让自己变得不可或缺，让自己胜任财务工作，创造出更多的财富。

身为财务工作者，我们经常会有这样的疑问，为什么学历高的人、工作时间长的人能够得到高的工资？其实，答案很简单，因为他们的知识丰

富。他们能够将自己的知识运用到工作中,使工作做得更加完美,所以领导自然会给予他们更多的工资。由此可见,他们的知识为他们创造出了相应的财富。财务工作者要想让自己得到更多的财富,就要不断学习,掌握更多的知识,完善自身,让自己胜任这份工作。我们要清楚地认识到,知识与财富是孪生兄弟。

上海市的一家电子玩具制造厂内,正在发放年终奖金。由于今年的收入比较高,所以领导决定给众人提升工资。

领导按顺序为众人发放工资,当给这家公司的财务人员王海发放工资时,领导竟给出了高达五千的工资。王海和其他员工都是一愣。他们心中都清楚五千绝对不是个小数目,这个工资是为公司做出巨大贡献的人才能够得到的,即使那些在这家公司工作了十多年的老员工都没有几个能得到这个数目的。而王海,来公司仅仅三年,竟然就得到了这么高的工资,怎么能让他们不惊讶?

王海也愣住了,他不知道为什么自己能够得到这么高的工资。在王海看来,自己来公司才三年,怎么可能得到这么高的工资,是不是领导记错了?

面对员工们不解的目光,领导解释道:"我之所以发给王海这么高的工资,是因为他能够用自己的知识为公司创造财富。大家知道为什么今年公司会有这么高的经济收入么?那是因为王海提的意见。王海不仅能够为公司提供前进的路线,更能够把公司的财务问题进行处理好。他会用自己的知识为公司节省经费,让公司以最少的经费获取最大的利润。我相信他的知识还可以让他在工作岗位上做得更好,让自己胜任这份工作。虽然他只来了三年,但是财务工作却被他整理得井井有条。所以,他得到五千的工资一点也不过分。"

领导将工资递到王海手中后,又说道:"一个人的知识是一个人的财富。如果你们能够学习到更多的知识,你们也会得到更多的工资。所以,不要抱怨你的工资比别人低,因为你的知识没有他丰富。"

听到领导的这句话后,员工们终于明白了为什么王海能够获得五千的工资。之前的时候因为王海平时的工资就比他们高，他们心中还有一丝的不满，认为凭什么才来三年的财务人员会比在这里长时间工作的自己工资还高。现在他们终于明白了，是因为知识的差距。

从此以后，公司内的人员都开始努力的学习，力争让自己掌握更多的知识。公司得到了进步，这些员工的工资也得到了提升。

为什么王海能够获得高达五千的工资？领导已经解释得很明白了。因为王海的知识为自己、为企业带来了巨大的财富。王海能够用自己的知识，让自己胜任财务工作，将企业的财务整理得井井有条。能够用自己的知识为企业谋取更多的利益，以最小的经费获取最大的利益。所以企业才会给予他相应的报酬。

人们常说，知识创造财富，财务工作者在工作时应该认识到这一点，并不断地努力学习，掌握到更多的知识，让自己变得更加完善，让自己更能够胜任这份工作。自己的知识提升了，自然能够为企业创造更多的财富，企业也自然会给你更多的财富。

知识不是与生俱来的，是要通过不断学习积累的。财务工作者要放低自己的姿态，通过不断学习积累，让自己取得进步，成为企业中不可或缺的人。优秀的财务工作者会不断学习进步的人，他们的知识会带来更多的财富。而那些失败的财务工作者，则只会整天埋怨公司的工资低，从来不会去学习进步，更不要说丰富自己的知识了。

3

不断学习会让自己变得不可或缺

财务工作者要想在企业中被领导重视，要想让自己的工作精益求精，

就要不断地学习来完善自己,丰富自己的知识,让自己成为公司中不可或缺的人。

许多公司都遵守"优胜劣汰"的原则,企业内部人员都是来来往往的一批接着一批被更换,财务工作者也不例外。要想让自己在企业中不可或缺,就要不断学习。要清楚地认识到自己的不足,通过不断学习来弥补自己的不足,让自己的知识结构更加完善,进而处理好工作中的每一个环节,得到领导的重视。

所以说,不断学习会让自己变得不可或缺,这是财务工作者在工作时应该意识到的,也是成为不可替代员工的基本前提。财务工作者要拥有发现自己不足的态度,要拥有不断学习、完善自身的工作态度。那些在公司中不可或缺的财务工作者都是能够发现自己不足,不断学习的财务工作者。

吉林市一家大型木材加工厂,正在举办年底评选活动。当进行到了这家公司的财务员工的评选时,被推举出来的有三个人,领导也是难以抉择,最后决定让这三个人轮番介绍自己的工作经验与工作方法,以确定最终谁能够当选优秀的财务人员。

第一个人说道:"我担任公司的财务已经有很多年了,算是一位比较有经验的老员工。我的经验让我在这项工作中没有犯过错误。所以我认为凭我的经验能够成为优秀的财务人员。"

领导听到后,点了点头,在他的名字旁边写下了"经验"两个字。

第二个竞选的人说道:"我虽然是新来的,但是我的能力优秀。我的能力让我在工作中表现得比别人更出色。所以我认为我能够成为优秀的财务人员。"

领导听完后,又点了点头,在这位员工的名字旁边写下了"能力"两个字。

最后一个说道:"我既没有第一位财务人员的经验,也没有第二位财务人员的能力。我之所以能够站在这里,仅仅是因为我能够不断学习,不断充实自己。因为我知道我既没有经验,也没有能力,所以我会通过学习,让自己掌握到更多的知识,弥补自己这些方面的缺点,让自己能够适应并胜任这项工作。"

领导听到后，笑着问道："还有没有要讲的？"

那位员工继续说道："其实对于这次的评比，我并没有抱什么希望。因为我知道，自己在这方面的能力还不完善，还不能完全胜任这项工作。所以我会通过学习来不断完善自己，直到让自己完全胜任这份工作，成为真正优秀的财务人员。"

领导笑着点了点头，然后宣布结果。结果令人大吃一惊，第三位财务人员竟然成为了这次的优秀财务人员。许多人都面面相觑，表示对领导的这一决定十分不解。

看到员工这样的反应，领导对自己的决定做出了解释："第一位财务人员因为经验久，所以他认为他能够成为优秀的财务人员，但是他却没有看到自己能力的不足。用自己的经验与别人的经验比，而没有注意到自己的短处，他虽然能够做好日常的财务工作，但是一旦交给他一些难度大的财务工作，就会力不从心。第二位财务人员因为能力强，所以他认为他能够成为优秀的财务人员，但是他却没有看到自己的经验不足。用自己的能力与他人的能力比，而没有注意到自己的短处，虽然能够有效地对待财务工作，但是却漏洞百出。而第三位财务人员则意识到了自己的经验与能力的不足，并通过不断学习，完善自己，让自己适应并胜任这份工作。我相信，这样的财务人员能够有效地应对更高难度的财务工作。因为懂得不断学习的人，才是企业最需要的人。"

员工们听完领导的解释后，终于明白为什么领导会选择第三位财务人员为优秀的财务人员了。前两位财务人员听到领导的解释后，都低下了头，不再言语。

此时领导又笑着说道："当然了，无论是经验还是能力，都是每一名员工不可或缺的。他们虽然没有意识到自己的不足，但能够发挥出自己的长处，也是具备优秀财务人员的素质的。我希望他们能够互相学习，弥补自己的不足，让自己的能力更上一层楼。"

这次的评选让许多人明白了一个道理：不断学习能够让自己成为不可或缺的人员。

为什么领导会选第三位财务人员为本次的优秀财务人员呢?因为第三位财务人员能够清楚地认识到自己的不足,通过不断学习来弥补自己的不足,充实自己,让自己能够更加胜任这份工作。

所以说,财务工作者不能只看到自己的长处,忽略自己的不足。用自己的长处与别人的不足相比较,会让我们对自己的能力感到优越,不能发现自己的不足。

所以,财务工作者在工作时要拥有不断学习的态度,清楚地认识到自己的不足。通过不断学习让自己变得更加完善,更能够胜任财务工作,让自己成为企业中不可或缺的那个人。

4 永不满足,不断进取

财务工作者在进行工作时要有永不满足、不断进取的学习态度,要清楚自己的不足,通过不断学习完善自己的不足,让自己变得更加优秀。永不满足、不断进取的态度能够让财务工作者在工作时变得更加优秀,能够让财务工作者在自己的岗位上创造属于自己的奇迹。

永不满足、不断进取的学习态度是财务工作者在工作中不可或缺的保障态度。财务工作者不能够对自身的能力安于现状,不思进取。要清楚地了解到自己的不足,通过不断的学习让自己的知识变得更加丰富,让自己变得更加优秀。

因此,财务工作者要放低自己的姿态,了解到自己的不足,清楚只有不断学习才能长足进步,唯有学习才能让自己变得更加优秀。只看到别人的短处与自己的长处,用自己的长处与别人的短处进行对比,只会让自己对自身“不足”的能力和经验满足。殊不知,画地为牢、故步自封的态度是不可取的,它是财务工作者创造工作价值的绊脚石。

南京市的一家大型钢铁制造厂内部,一位财务员正在办公室内飞快地忙碌着手里的事情。只见他将手中的财务账簿一边翻看着,一边不停地进行着记录。这位财务员正是这家公司的唯一一位财务员。

为什么这么大的公司只有一名财务员?因为这位财务员是位财务专家。他的各方面能力都能够让他胜任这份工作,这也是公司的领导给他的评价。

领导清楚地记得,那位财务员刚来应聘时,还是个什么都不会,什么都不懂的毕业生。领导问他:"你没有知识,也没有经验,你认为自己可以胜任这份工作吗?"那位财务员答道:"没有知识,我可以一点一点地学习;没有经验,我可以从工作中积累经验。我知道自己一无所有,但我会不断努力地学习,让自己能够胜任这份工作。"

领导对于这位财务工作者的话感到好奇。他曾经也问过其他前来应聘的人员,但是那些人给他的答案要么是十分自信,要么是十分不自信。没有一个像他一样说可以通过学习积累而让自己胜任这份工作。领导决定让他尝试一下,便录用了他。

而那位财务工作者也确实做到了,他不断地学习,不断地询问,不断地积累,终于让自己适应了这份工作。纵然如此,他仍旧在不断的学习积累着。

一次,领导找他谈话,问道:"你来这里已经有几个月了,工作表现十分不错,你对自己的工作有什么想法?"

"我感觉自己在工作上面还有很大的不足,我不懂的东西还有很多。"那位财务工作者答道。

"你已经适应了这份工作,还有什么不懂的?"领导好奇地问道。

"适应并不等于胜任。适应只是进行这项工作的最基本的要求,要想胜任这份工作,就要不断学习,丰富自己在这方面的知识。"财务工作者说道。

领导听完财务工作者的话,笑着点了点头,问道:"你认为,自己能够胜任这份工作?”

“虽然时间可能有点长,但是我会通过不断努力学习,让自己可以胜任这份工作。”那位财务工作者说道。

领导听见他的话后,拍手笑着说道:“好,那这家公司的财务工作就全归你管了。我相信你的能力,所以,一切由你做主。”

事实证明,那位领导没有做错选择,这位财务人员凭借着不断努力学习,永不满足的工作态度,认真细致地进行着财务工作,让公司避免了许多经济损失。自己因为不断努力学习,永不满足,也成为了这家公司不可或缺的财务专家。

因为这位财务工作者做到了不断努力,永不满足。公司的领导才给了他十分高的评价,更加信任这位财务工作者能够很好地完成任务,从而将更多的财务工作交给他处理。而这位财务工作者也通过不断的学习,完善自身的能力,做到了独当一面。

为什么这家公司的领导能够给这位财务工作者如此高的评价,完全将公司的财务工作都交给这位财务工作者呢?因为这位财务工作者能够做到不断进取、永不满足。因为这位财务工作者有这样的工作态度,所以他能够通过不断学习来完善自己的能力,让自己胜任这份财务工作。因为他能够做到永不满足,不断充实自己的大脑,从而让自己变得更加完善。因为做到了不断完善自己,让自己胜任这份工作,自然也就得到了领导的认可。

所以,财务工作者必须具备不断进取、永不满足的工作态度。认清自己的不足,通过不断学习,让自己变得更加完善,让自己更加胜任这份工作。我们要清楚地认识到,不断进取、永不满足的工作态度是财务工作者胜任财务工作、成为财务专家的基本因素。

财务工作者只有拥有了不断进取、永不满足的工作态度,才能够发现自己的不足。发现自己的不足就要不断学习完善自身,从而要让自己变得更加完善,更加能够胜任这份工作。

5

认识自己的局限

财务工作者在进行工作时要认识到自己的不足，认识到自己的局限，不断学习别人的优点，弥补自己的不足，让自己变得更加完善，胜任财务工作。这也就告诉我们，无论在任何时候都不要为自身的优越性而骄傲自满，洋洋得意。

认识自己的局限性是财务工作者成为财务专家的重要前提。财务工作者只有认识自己的局限性，才能够发现自己的不足，并通过不断的努力学习来弥补自己的不足，完善自己的能力，进而让自己能够胜任财务工作，让自己成为财务专家。

那些喜欢用自己的长处与别人的短处进行对比，洋洋得意，自骄自满的财务工作者都不能认识自己局限。因为没有认识到自己的局限，自然也就发现不了自己的不足和他人的长处；自然也就不能积极进取，不断完善自身的能力，胜任工作，成为财务专家，相反，可能还会因为自己的过失，给企业带来巨大的经济损失。

杭州市的一家大型丝绸厂，由于每年都要向各地销售大量的丝绸，所以这家公司的经济收入相当乐观。

这家公司最近招聘的一位财务人员是从其他公司刚刚辞职的。因为有一定的经验和能力，领导也对他十分信任，将一些财务工作交给他处理。

刚开始，这位财务人员还能仔仔细细、认认真真地进行工作，可是时间一长，这位财务人员便开始懒散起来，许多财务工作基本上要堆到最后期限才进行。纵然如此，这位财务人员依然能按时完成任务，而且没有差错。领导在接到财务报告时，也总是对他进行表扬。

由于自己能够在期限内将工作完成并没有错误，再加上领导的表扬，不由得让他对自己的能力产生了骄傲的心理。领导再交给他这些任务时，他向领导说道："我的能力已经可以良好的完成这些工作了，希望能够担任更高层次的工作。"

领导想了想，认为的确如此。于是给他换了一批较难的财务工作。这位财务人员高高兴兴地接受了新的工作，忙了起来。

这位财务人员想着：说什么较难的财务工作，还不是一样的工作方法。于是按照之前的工作方法进行了这次的工作。然而在工作的中途，他却发现自己出现了好几处不明白的地方。他绞尽脑汁，还是没有结果。最后，他尝试用之前的方法套入，反而越来越乱。

眼看就要到交财务报告的时间了，可是这位财务人员手中的财务工作还毫无头绪。最后他找到了领导，说明了情况。领导听说后，急忙找来几名较有经验的财务人员进行这项工作，而这位财务人员则在一旁观看。

不一会儿，那些财务人员将工作做完，上交了工作报告。领导向这位财务人员说道："知道为什么我一直让你做那些简单的财务工作么？"

这位财务人员摇了摇头。领导说道："其实我之所以让你做那些简单的工作，就是想让你有更多的精力学习更多的知识。然而我在你提出要求后，就答应你，更是希望你明白自己知识和能力的有限性。

身为公司的财务工作者，一定要清楚自己的局限，了解到自己的不足。只有了解到自己的不足，清楚自己的局限，才能够通过学习去完善自己，让自己学到更多的知识，胜任这项工作。"

领导又继续说道："做任何事情，不能够只看到成功和优秀的一面，还要认识到失败和不足的地方。要通过不断学习来让失败和不足变成成功和优秀，让成功和优秀变得更加成功和优秀。不管怎样，只有认识到自己的不足，才能够让自己不断学习，不断进步。"

听完领导的话后，那位财务人员羞愧地低下了头，心中暗暗下了决定：以后一定要认清自己的局限，不能骄傲。

在以后的工作里，他按照这个决定不断地寻找自己的不足，并通过不断的努力学习，弥补自己不足的地方，让自己变得更加完善，终于成为企业的财务主管，得到了企业领导的认可。

领导的话让这位财务人员认识到了自己的错误，认识到了自己的局限和不足，进而通过不断努力学习，弥补自己的不足，让自己变得更加完善，最终胜任了这份工作，成为这家公司内不可或缺的财务人员。

由此可见认清自己的局限，这是财务工作者在进行工作时应该具备的工作态度。财务工作者能够认清自己的局限，就会很好地通过学习来完善自己，打破自己的局限，让自己变得更加优秀。如果不能认清自己的局限，那么就会对自己的能力感到满足，不思进取，最终为企业带来巨大的损失。

所以，财务工作者要学会认清自己的局限性。

(1)向他人学习。财务工作者在进行工作时，要有向他人学习的思想。通过与他人进行对比，发现自己的不足，进而向他人学习，弥补自己的不足，让自己变得更加完善，胜任自己的工作岗位。但是与他人进行比较时，不可以用自己的长处与他人的短处进行比较，这样不仅不能够发现自己的短处，还会产生优越感，从而让自己变得骄傲。财务工作者应该用自己的短处与他人的长处进行比较。这样才能够发现自己的不足。

(2)实践感知。财务工作者在进行工作时，要对自己的不足有一定的感知能力。这个能力是财务工作者在不断的实践中得来的。通过不断的实践积累，来加强对自身不足之处的感知，进而通过学习弥补自己的不足，完善自己。

认清自己的局限是财务工作者重要的工作态度，财务工作者要想胜任自己的工作，就要认清自己的局限。成功的财务工作者都是能够认清自己的局限，不断进步的人。

6

不断追求梦想,不断超越自己

财务工作者是会计工作的主体。会计工作质量的优劣,不仅受到财务工作者职业技能水平的影响,还受到职业道德的影响。在中国加入世界贸易组织后,企业的经济也逐渐融入到全球经济的体系当中,这就间接性地要求财务工作者不断地学习新的知识来提升自己的能力。只有不断地学习、不断地超越自己,才能提高自身的竞争力,才能够胜任自己的工作。

2008年,我们终于迎来了期盼已久的奥运会,就在世界人民洋溢在欢乐中的时刻,陈宏也努力实现着理想与目标——会计学博士学位。

就在这年,陈宏开始攻读会计学博士学位,面对这个令人艳羡的学历水平,却很少有人知道他经历过的风风雨雨,也不知道他成功的背后究竟隐藏了多少的汗水。在艰辛的道路上,他从来没有放弃梦想,总是坚守着自己的信念,不断学习、不断提高自己,一直在超越自己的道路上快速前行。

陈宏家境贫寒,父母没有多余的钱来供他完成高中的学业,他便辍学走向了工作的道路。由于他年纪还小,只能拜托熟人介绍工作,最后在一家食品公司担任货仓服务员。由于自己有了工作,虽然没有多少薪水,但是也能帮助家中缓解一些经济方面的压力。又过了两年,他已经满18岁了,就由一个学徒变成了一个真正的货仓服务员。虽然他已经工作了两年,但是他始终没有放弃求学的念头。后来公司给他涨了一些工资,他便在贴补家用的同时,在一家中学继续念英文和其他的课程。

虽然他又重新进入了学校念书,但是他也没有放弃自己的工作，反而比之前做得更加优秀。由于他的勤奋和敬业，老板提升他为货仓的记录员，管理公司货仓存货的记录。就从这个时候起，他便对簿记和会计学产生了浓厚的兴趣。于是他在工作的闲暇时间也开始学习有关簿记、会计原理的知识。

通过努力的学习，他先后获得了英国商会的中级簿记和高级会计证书，这些考试他都是以优异的成绩通过的。

2004年3月，陈宏从之前的公司辞职，来到了一家更大的公司工作，因为有了学历证书和一定的能力，没过多久他就正式担任成本会计主任。在他工作的期间，他还参加了英国国会以及公会的考试，并取得了会员证书。他学的越多却越发现自己对会计学的知识与经验不足，便毅然决然地放弃了公司非常好的待遇，选择离开。

当他离开这家公司的时候又转向了一家著名的会计事务所，在里面担任中级会计员，由于他工作中的惊人表现，领导很快破格提拔他为部门主任。这几年来的会计师事务所工作也让他积累了非常丰富的经验和会计审计的知识，也从中学会了企业管理以及内部控制的技巧。他在两年后参加了澳大利亚一家石油公司在中国海域勘探石油的管理工作，并担任会计经理，于是他又对中国内地的会计核算、财务管理、税务政策有了一定的了解，同时也熟悉了石油行业在勘探方面的成本会计处理，在这两年中他还获得了ASCPA（澳大利亚注册会计师认证）的资格证。后来由于工作性质的原因他又带着家人移民到澳大利亚，在公司中担任会计主任。在国外的日子他时刻没有放松对自己的要求，在业余的时间通过进修又获得工商管理学士、工商管理硕士学位。

2007年年初，他所在这家公司被收购，并在香港、台湾等地设立分公司，于是他便被派回中国做东亚财务部门主管。

陈宏从一个货仓服务员学徒被提拔为货仓记录员，这是他人生道路上的一个重要的转折点，正是由于这个小小的转变，才让他对会计的工作产生了浓厚的兴趣，从而体现了自己的人生价值。他在获得一定成绩的时候，并没有感到自我满足，而是不断地学习、不断地努力——他就像一个不断成长的“巨人”,总是在不断地积累、不断地成长。他不断提升的时候,也在不知不觉中超过了很多人。

其实,所有的财务工作者都一样,只要不断地提高自己的技能、增长自己的见识、更新自己的学识、充实自己的能力,才能够无限制地超越自己。这样我们生存和发展的空间才会变得越来越大,事业也就能够不断进步,这也就能很好地体现人生的价值!

由此可见,如果我们想要做一个优秀的财务工作者就要在工作中不断实现自己的梦想,在不断提升自己能力的过程中,具有坚韧不拔的毅力和执著的信念。让自己循序渐进,一步一个脚印地不断成长。我们要对自己说:“这样坚持下去吧,相信每一天都有一个焕然一新的自己,不断超越自己,让别人以我们为榜样、把我当做‘标杆’”。只有这样的自己才能有梦想,为梦想不断进取,才能成为一名杰出的财务工作者。

第十二章　协作精神：只有完美的团队，没有完美的个人

“只有完美的团队，没有完美的个人”，每一名财务工作者都必须意识到这一点，并在工作的过程中跟随团队的脚步，相互协作，只有这样，才能将工作做好做精。要知道，任何企图靠个人的能力在财务工作中创造奇迹的愿望，都是不可能实现的。身为一名财务工作者，我们不能忽视团队的力量，更不能做孤胆英雄，否则，我们不可能成为一名优秀的团队型财务工作者。

1

团队是个人成功的基石

有句话是这样说的:“爬得较快的人,都是帮助别人往上爬的人。”不论是哪一个群体的活动,都需要里面的每一个人去积极地发挥自己的作用。然而个人的业绩却是有限的,要想得到 1+1>2 的效果就必须有一个目标统一、才能互补、团结和谐的团队。所有的人只有将自己融入到团队里,才能在工作上有更多的灵感,才能取得他人的绝对支持,才能有信心和勇气去面对困难。要知道,个人的职业发展离不开一个团队的整体协作。要想在职业生涯中得到成功就必须要依靠团队的力量。所以,财务工作者在自己的职业生涯中必须要去培养自己的团队意识、团队精神。

作为一名财务工作者,主要的工作任务就是为公司做账、审核账目等。这样的工作性质也就决定了他要和公司里的所有部门打交道,也就是说不单单要做好自己的本职工作,还要让自己融入到整个公司里,要和公司同呼吸、共命运,使自己的工作能力在一次一次的团队合作中得到不断增强。

一个好的财务工作者,对数字是十分敏感的,他们在与数字打交道的过程中,学会了怎么让一个小小的数字慢慢地变成一大堆的财富。如果你只是让账目一个一个的独立,那么到年终的时候,你就会发现,一年的盈利并不是很高。可是如果你在做每一批账目的时候,都把它纳入到公司年终的总账表上,那么到了年终盘算的时候,整个公司的营业额就会有很大的提升,也就说是,只有在总账目的基础上,才能显示出一个个单独账目的作用来。同样的道理,好的财务工作者要明白,在如今的职场中,光是靠自己一个人单打独斗是很难把工作做到完美的，要想让自己在激烈的竞争中不被淘汰，就要到团队里去找寻力量。

张敏是一家知名服装公司的财务部经理。虽然她很年轻，但是她的工作能力非常出色，而且爱护自己的下属，有什么事总是能主动帮他们解决，所以部门的员工都喜欢她和支持她。

有一天，总经理带了一个人过来，并对张敏说："这是刚从英国留学回来的李美，公司派她来协助你工作，有什么问题你们要协商解决。"

张敏知道，这是自己晋升公司副总经理的强劲对手。

李美不愧是留学回来的，第一天上班就发现了财务部门存在严重的制度问题，她将那些在办公室吃早饭的员工训斥了一遍，然后又对着穿便服上班的陈晓晓说："公司规定上班是要穿工作服，你不知道吗？"张敏看到这种情况，急忙为自己的下属解释道："我想这可能是部门规定中存在的过失，谢谢你的提醒。"李美看了她一眼，笑着走开了。张敏赶紧让所有的人收拾好东西开始上班，并告诉她们千万不要和李美起冲突。

所有的人听了张敏的话，都表示在以后的工作中不会让张敏为难，并且会全力支持她参加公司副总经理的竞争。

第二天刚走进办公室，张敏就发现办公室大变样了，所有人都在认真地工作，陈晓晓也一改往日的小女孩形象，穿上了正规的工作服，张敏开心地笑了。

月底的时候，公司准备进一批高档的服装原料，要求张敏和李美分别做出一份详细的财务报表来。两个人都知道这份报表意味着什么。

张敏开始在办公室到处查资料，她一点也不怕自己所做出的财务报表被李美知道，总是和大家一起讨论着并且认真地听取每一个人的意见。而李美却把自己关起来，好似在进行什么秘密活动一样。

在公司所有领导参加的会议上，李美首先讲了她自己的财务计划，专业知识超强的她将报表做得很完美，处处透露着她的智慧，让所有人为之叫好。轮到张敏时，她并没有自己站起来，而是让旁边的陈晓晓来讲解整个财务计划，全新的思路加上对服装原料的合理分析，让人不得不佩服。

最终张敏凭借团队的力量赢得了这场竞争，她说："一个人的成功离不开团队，脱离了团队，一切就没有希望了。"

张敏把自己融入到了团队中，让自己的个人价值得到最大程度的实现，让自己的人生更加绚丽多姿。每一个财务工作者都要在自己的工作中牢牢地记住这样一个道理，让无限的团队力量来引领自己，走向成功的彼岸。

团队的成功也是靠每个人的努力实现的，就像一场战役，不仅仅需要一个出色的指挥官，也需要一群敢于冲锋陷阵的士兵，才能保证打败敌人。对于一个团队来说，每一个人都是不能缺少的。财务工作者发挥自己在团队中的作用，让整个公司效益得到提高。而公司在取得了巨大的经济效益后，就会反过来给予员工最大的回报，也就是我们通常所说的加薪或是升职。在这样的情况下，财务工作者也就慢慢获得了职业上的成功，让自己未来的路越来越广阔。

所以我们说，一个人的成功离不开团队，只有与别人合力，与别人协作，才会在职场中开创出属于自己的一片天地。

2. 懂得分享，实现共赢

一滴水只有融入到大海里才能不被蒸发，才能生存下来；一只蚂蚁，只有和其他的蚂蚁一起，才能搬动比它们自身大很多倍的东西；蜜蜂能够在地球上数亿年地繁殖下来靠的也是一个团体。由此可见，团队的力量是强大的。我们也可以用鱼和水的关系来比喻个人和团体，离开了水，任凭这条鱼再厉害也不能生存下来。同样，没有一个完美的团体，个人的才能再大也是无法实现的。

一个想要在团队里得到别人认可和尊敬的人，必然是能够懂得分享自己的成功和快乐的人。一个团队就像一棵果树，不仅需要在幼年的时候需要人们对它进行保护，也需要人们在它果实累累的时候对它巩固和培育。职业素养高、团队意识强的人是非常明白这个道理的。

财务工作人员在公司中占据着举足轻重的地位，他们管理着公司的账目，掌握着公司的命脉，他们在工作中如果没有一个很好的团队意识，如果不能将自己工作中的经验分享出来，那可能让公司在账目这一块就得不到一个理想的结果。对账目管理的不到位，最终也会导致公司内部产生一系列的经济问题，从而也影响了财务工作人员自身的职业发展。

要知道分享才能有一个共赢的局面，独享的结果会带来两败俱伤。在财务工作中也是一样的。如果一个公司在某一个项目的经营操作中出现了问题，或是某一个员工在财务工作中出现了失误，这时如果那些有经验的财务人员可以团结起来，把他们成功的东西无私地分享给那些工作还不太熟练的员工，公司就一定可以在团队的协助下渡过难关。相反，如果财务人员没有一个职业化的团队意识，不懂得怎么去和别人分享自己的经验和成功，那么公司也就不会有继续发展的可能了。

李庆春，是上海一家对外贸易公司财务部的预算科科长。在他的职业生涯里，总是伴着很多的荣誉：上海市先进工作者，全国劳动模范，五一劳动奖章获得者。认识他的人都叫他“预算专家”。这种叫法既是对李庆春预算专业工作技能的肯定，也是对他的一种尊敬。这样的尊敬来源于李庆春在工作中的无私分享，他把自己的成功经验传授给了科里的每一个工作人员。

李庆春大学毕业后只身来到上海，最开始他只是公司里的一个小小的预算人员，在工作的时候他经常去一些老员工那里学习经验，经过不断的学习和摸索，他自己的专业技能得到了提升，在做预算的时候他都不需要各种工作数据的参考，因为那些数据早已烂熟在他心中了。每一次的任务，他都能非常出色地完成，并且多次成功地为公司节约了很多的资金。鉴于他的这些表现，公司将他提升为了预算科的科长。

在他当上科长以后，他积极地带领着自己的团队在工作中取得了一个又一个的优异成果。他依然保持着良好的团队精神，将自己一流的专业技术和丰富的实战经验融入到团队中，每一个突破，每一点工作心得，他都会在科里召开的会议上传达给每一个员工，使这些东西变成大家共同的知识，共同的本领。

曾经有人问过他："作为科长，你这样毫无保留地把自己的技术和经验分享出来，你就不怕你的下属超过你吗？你就不怕自己的职位不保吗？"李庆春毫不在意地回答道："我能有今天的成绩，也要感谢那些帮助过我，传授经验给我的老同志，现在我自己通过努力有了一定的经验，有了一个好的工作方法，我把它们分享给自己的下属，让他们在工作中少走弯路，为公司更好的创造效益，这是一件对大家都有好处的事啊。公司是一个大家庭，需要所有人来支撑。"

李庆春作为科长，他很清楚真正的赢不是个人的单赢，而是一个团队的共赢。有这样一句话："假如有一个苹果在你手上，还有一个苹果在我手上，我们把它们交换以后每个人还是一个苹果。但如果你有一种能力，我也有一种能力，将它们进行交换后就变成两种能力了。"

最有竞争力的团队是那些懂得分享的团队，能够持续发展的团队，也是那些会去分享的团队。乐于和别人一起分享技术、经验的员工是优秀的，他们在促进公司发展的同时也成了公司倾力扶持的人。

职业化的财务人员不单单是指他们的业务水平有多么的优秀，他们的能力有多么的出众。更多看重的是他们在工作中的合作和沟通能力。他们在自己努力为公司的财务状况把好每一项关后，在受到领导的奖励或是提升的时候，通常都是非常谦虚的，他们知道，个人的能力是有限的，自己今天的成功必定有他人昨天的努力。所以，他们绝对不会在享受荣誉的时候，忘记那些帮助过自己或是和自己一起努力的人，他们会让这份喜悦分享到每一个人的身上，而不是孤傲地站在高处向下俯视着。大家往往乐于看到这些真正的职业化财务人员取得的成功，并且给予他们极大地赞许和掌声。在以后的工作中，大家也都会乐意从各个方面帮助他做好财务工作，做好公司命脉的掌握者，因为他们知道，这样的人不管有多大的成就，也不会忘记那些曾经帮助过他的人。

财务工作不是一个人独立能够完成的工作，当“分享”来敲门的时候，让你的心扉尽量敞开，时刻谨记着：懂得分享，实现共赢。

3 完美的团队胜过孤胆英雄

当今世界是一个非常需要英雄的世界，但是它和过去的几千年不同的是，这个时代需要的英雄不再是以个体形式出现，而是一个聚集了很多人的和谐的团队。越来越多的企业领导也在这个形势下看到了自己企业发展的新方向，他们积极在企业里宣传团队的精神，希望自己的员工能够有良好的团队意识。而在这样的一个大环境下，每一个人都应该要把自己融入到一个完美的团队里，用团队的力量来为自己的成功保驾护航。

财务工作者是否具有团队精神，将直接关系到他的工作业绩。几乎所有的公司在招聘员工的时候，都十分注重这名员工是否有团队精神，他们认为一个人的能力是有限的，但是和别人合作碰撞出来的能力却是无穷的。

一个缺乏团队精神的财务工作者，即使个人在财务工作方面做得再好也是无济于事的。在这个什么都要讲究合作的社会里，真正优秀的财务工作者不仅要有过硬的专业技能、强大的工作能力，做出比常人更好的业绩，更要具备团队精神，为整个财务部门的业绩做出自己的贡献。每一个财务工作者的成功都是建立在整个部门，甚至是整个公司成功的基础上的，只有提升了团队的力量，才会有个人的发展。

好的财务工作者不会觉得自己所获得的成功仅是自己的努力得到的，他们知道，如果没有整个部门其他人的支持，就不可能会把账目做得那么完美。自己成功的路上一定有别人的陪伴和协作。

怀揣着硕士研究生的高学历，秦国来到了梦寐以求的上海，开始了寻梦之路——成为高级会计师。

他凭借着高学历在一家不错的企业找到了一份工作，在财会部负责财务报表的制作。因为秦国刚刚涉足财会行业，领导没有将太多的工作交与他，更不敢让他去做一些重要的工作，说白一点，秦国现在只是一个实习生而已。

和秦国一起工作的搭档叫李俊。李俊从事财务工作已经有5年时间了，虽然他的学历不高，但是在工作中谦虚好学，为自己积累了很多经验。让李俊和秦国一起工作，领导自然就放心不少。

但是，在工作的过程中却出现了很多问题，秦国这个人心高气傲，在李俊面前总是摆出看不起人的样子，总是拿自己的高学历“堵”李俊的嘴。在他看来，自己有超人的才干，根本不需要别人指点。李俊自然也心知肚明，即使有责任指导秦国如何将工作做好，也不会经常去自讨没趣。

临近年末，很多企业都到了年终算账的时候，秦国和李俊自然也开始投入这样的“旺季”——领导让他们审核每个月的账目，并将财务报表做出来。接到这样的任务，李俊想：“我一定要完成这项工作，到时候也好回家过个好年。”但是，秦国则不以为然，在心中暗暗抱怨道：“都要过年了，居然还让我和这个‘草包’一起工作，这些工作这么简单，凭我研究生的能力难道还不能独自完成吗？真是笑话。”

就这样，秦国在工作的过程中从来不顾及李俊工作的进度，“我行我素”地开展工作。当李俊指出哪个地方应该修改的时候，秦国总是傲慢地说：“我感觉这样很好啊，你去忙你的吧，我自己可以把工作做好。”李俊无奈，只好去做自己的工作。

三天之后，他们终于将工作完成了，秦国不断憧憬着领导表扬自己的情景。但是，领导不但没有表扬他们，还严厉地批评了他们：“你们这个报表是怎么做的？这个项目和这个项目是一起的，你们却弄到了两张报表上，还有，这个报表是怎么回事？居然连这么简单的工作都做不好，你们拿回去重新做。”最后，他们不得不重新加班整理报表。

相信在众多的财务工作者中，像秦国这样的人数不胜数，秦国就是典型的“孤胆英雄”，他没有认识到自身能力的不足，更没有意识到团队的重要性。孰不知世上每一个成功的人士，他的背后一定有一个完美成功的团队。英雄把自己的成功寄予团队中，时代需要英雄，但是更需要打造出英雄的伟大团队。没有了其他人的协作，单凭自己一个人的智慧和力量获得的成功只能是一时的，持久的成功永远会和他们擦肩而过。在企业越来越重视团队合作的今天，孤胆英雄已经落伍了，所以在自己的工作中积极地践行团队合作十分重要。要知道，你一个人是充当不了职场的合唱团的。

团结就是力量。一根筷子很容易被我们折断，但如果是一把筷子就很难被折断了。这是因为每根筷子通过互相的依靠和支撑紧紧地合为一体，大大增加了它们抵御外力的能力，因而比一根筷子结实很多。在财务工作中，报表、做账、结算都需要每一个人精诚地去合作，在自己的工作中用团队的力量去解决遇到的问题，实现共赢的局面。

不要去羡慕那些能够在财务工作中脱颖而出，让自己能力发挥到极致的个人，他们可能跟我们能力一样。所不同的是，他们能够抓住财务工作的特性，领悟到工作中协作的重要性，依靠完美的团队让自己成为赢家。

4

协同作战，发挥团队优势

中国有句古话：“水涨船高，人抬人高。”要建立一个强有力的团队，需要每一个员工树立起团队精神，以团队的利益为出发点，以统一的思想去进行团队合作。

作为公司的一名成员，只有让自己完全融入到了整个公司团体中，借助整个团队的力量，才能去完成那些看起来不可能完成的任务。作为一个新人，当你踏进财务部门的时候，你的上司可能会让你去完成一项十分复杂的财务报表，有很多人会对此感到不解。他们认为自己是一个新人，根本就不具备完成这项工作的能力。其实，你不妨去揣摩一下上司让你这样做的真正含义。作为一个资深的财务人员，当然知道这项工作对于一个新人来说，有多么大的难度，他们这样做的目的无非就是要考察一下新来的财务人员是不是具备一个良好的团队精神，是不是能够与别人很好的沟通和合作。如果你没有理解到上司的意图，只是自己一个人关起门来费劲地去工作，那可能在以后的财务工作中就会是“死路”一条。而那些懂得了上司考察意图的人，就会充分的利用整个财务部门甚至是全公司的力量来做好这项工作，给上司一个满意的答复。

学会与人合作，才能获得成功。明智的人会在上司给出的难题面前用实际行动证明自己的协作能力和团队精神，把自己在团队里的位置摆正，角色扮演好，让自己成为公司里财务上不倒的一面旗帜。

手是每一个人都不可缺少的身体组成部分，人类的很多活动都需要它的参与。可以说，它是人类创造文明的功臣。有一天，五根手指趁主人休息的时候聚在了一起，大声谈论起了谁才是五根手指的老大。

抢先发言的是一向都很骄傲的大拇指：“在我们五个当中，我排在第一个，而且我是最粗的，人类遇到需要称赞别人或是自己表现出色的时候，都是把我给竖起来的，所以说这个老大肯定是我。”

食指听后先是不以为然地摇了下头，然后辩解道：“我才是老大，人类在吃饭的时候，是需要我的支撑才能拿起筷子去夹菜的，如果我不配合，人类就不能够得到身体所需要的营养，也就不能生存下去。另外，人类还得靠我来指示方向。”

中指听后不屑一顾地说：“要说到长度，我们五个当中还有谁比我更修长，我就是那只立于鸡群的仙鹤。再来看我的位置，正好是在中间，也就映衬了众星捧月这句话，这难道不是老大的最好证明吗?”

无名指听后不甘示弱地说道:“你们三个也太不懂得谦虚了吧,你们看我的身上可是戴着这个世间最珍贵的珠宝啊,多么好看啊,你们能带出这样的气质吗?所以说,老大应该是我。”

只有小指在一旁,一句话也不说。

四个指头难得语气一致地说:“你干吗不说话争取啊,难道你不想当老大吗?”

小指听后,淡淡地笑着说:“你们每一个都有过人的长处和高贵的地位,我实在是不值得一提,我只有在人类合十礼拜或打躬作揖时,才最靠近真理与对方。可是你们想过没有,如果我们分成一个个的个体,又怎么能表现出手的威力呢?我们之所以有能够战胜一切的威力,就是因为我们五个是一体的啊,我们是不能分割的。”

一个手掌的威力来自于每根手指的紧密合作,这也是人类能够战胜自然的基础;一个好的团队不会是一盘散沙,每一个员工都会在自己的岗位做好自己,并且努力地配合好别人。

曾经风靡一时的书《孙悟空是个好员工》中,作者用一个团队来比喻唐僧师徒四人,他们性格南辕北辙,各有优点和缺点,但他们却始终紧紧围绕着一个共同的理想,不管路上遇到什么样的艰难险阻,他们都同心协力地去克服,在完成取经大业后,他们每个人也都修成正果,可谓是获得了职业生涯的成功。但是,我们能说除了孙悟空其他人都不是好员工了吗?这个故事很明确地告诉我们答案,在一个公司里,不管你处在什么样的位置,只要能把团队精神良好地展现出来,能全心全力地为公司的发展付出,并且能与别人良好地合作,你就会是一名好员工,你就会有一个非常好的发展前程。

每一个财务工作者都想成为一个好员工,那么,在做每一份报表,在核算每一个部门的账目时,让自己融入到团队里面,充分借用团队里每一个人的智慧和力量,让所有人的长处碰撞在一起产生一个剧烈的化学反应,把自己的本职工作做得更加出色,为企业的发展贡献自己的力量。

财务工作者即使个人能力再强、智慧再高,如果不懂得和部门的其他同事或者是公司别的部门的同事合作,仅凭着自己有限的时间、精力和智慧,那他是很难为企业做出贡献的,更不能很好地胜任财务这个工作。只有融入了团队,在团队中找到自我,发挥自我,才能让时间、精力和智慧得到无限的扩展,才能成为一名优秀的财务工作者。

5 缺乏团结协作,无异于自断筋脉

每一个人都应该明白这样一个道理:要想取得成功,就必须让自己成为一个懂得协作的人。如果每个人都只是各做各的,那就只能是一盘散沙,不会成就任何事业。对于一个公司的财务部门而言,如果部门中的每一个财会人员只是考虑自己的工作,而不去协助别人,就很可能让工作因为协调不善而出现问题。特别是在公司的账目管理上,每一项账目的管理员都是紧密联系在一起的,他们必须有一个高度的协作精神,才能保证公司整个账目不出现问题。如果某一个人算错了一个数字,就有可能导致整个公司的总账目出现问题。这样的错误对于一个公司而言,后果是非常严重的。

一个有团队协作精神的财务人员,能真正承担起自己的责任,也能把自己的工作真正做好。如果因为自己的专业水平十分突出就产生骄傲的情绪,认为这个报表或者这个账目没有了自己就一定做不好,就会在不知不觉中脱离团队,从而远离成功。要知道,虽然你在某一项工作中有比别人更强的能力,可是这并不代表离开了你,工作就进行不下去了——世界上少了谁都是一样的,那些曾经叱咤风云的历史人物都需要团队的力量,更何况我们呢?

管理大师罗伯特·凯利曾说:企业的成功靠的是团队,而不是个人。财务工作也是一样,这样一个十分繁琐和枯燥的工作,可以说任何一个人

都不能去独立完成它，任何一个人也都不可能具备这样全面的知识。身处财务工作中的每一个人，只能是在一定的专业基础上依靠他人的智慧、团队的力量，立足于财务工作中。

有一个小故事是这么说的：一天，一个破败的寺院里来了三个和尚。他们看到这个寺院的残破景象，不禁心生感叹。也不知是谁说了一句："这座寺院怎么会荒废了呢？"第一个和尚想也没想，就脱口而出："肯定是菩萨怪罪这里的和尚不虔诚，所以不灵。"第二个和尚马上反驳道："不对，依我看啊，应该是这里的和尚都很懒惰，所以寺院才不修。""你们说的都不对，我觉得是因为这个寺院的不敬，所以香客不多。"第三个和尚慢吞吞地说道。他们三人大声争论着，谁也说服不了谁，最后决定留下来用自己的办法去维护寺院，看看谁最后能够成功。从第二天开始，他们便分别去礼佛念经、整理庙务、讲经化缘了。没过多久，寺院的香火开始旺了起来，恢复了以前的繁荣。

一个中午，三个和尚又聚在了一起，看着眼前的繁荣景象，他们又开始数起自己的功劳来。第一个和尚最先说道："菩萨被我每天诚心的礼佛念经打动了，所以显灵了。""我说啊，是因为我对寺院的管理非常到位，所以才会有这番景象。"第二个和尚不甘示弱道。"照我看啊，这全是我化缘的功劳，香客才这么多的。"第三个和尚这样说道。他们三人再一次互不相让地争论起来，对寺院的事情也不上心了，渐渐地，寺院又开始衰败了。他们只能离开寺院，各奔东西了。离开的时候，他们三人终于明白了：这个寺院被荒废掉，既不是因为和尚不虔诚，也不是和尚不勤快，更不是和尚对香客的不敬，真正的原因其实是和尚之间不和睦啊。

从中我们可以看到，那些喜欢强调和突出个人才能的人，并不能让自己取得成功。任何人都要依附在一个优秀的团队上，用团队的力量去取得成功。团队是一个人成长的舞台，个人的才能在团队中才能展现出来。在你和别人一起去努力的时候，你自己也在不断得到提升。如果离开了团队，离开了和别人的合作，就不可能有人能够成就事业。

团队是当今世界合作的最高形式。事实证明：一个财务工作者只有在工作中努力加强团队意识，发挥合作的力量，才能激发出更强的团队荣辱感，才能更好地完成自己的本职工作，帮助企业做好每一笔账。

因此，所有的财务工作者都要牢记：生存的根本，是人和人之间的协作。忽视了工作中和同事的协作，忽视了财务工作的复杂性，这无异于是自断筋脉，自毁前程。

6 打造完美团队，从内部控制制度开始

随着社会经济的发展，知识经济也大大提高了社会的生产力，给企业带来了更大的竞争能力。企业要想在激烈的市场竞争中快速发展，并提高经济效益，完美的财务团队是不可或缺的因素。如何才能打造一个完美的财务团队呢？这就需要财务部门内部从控制制度开始。从而进一步提高企业内部的会计控制，加强企业的运营管理、提高企业经营的效率。

内部控制能够保证企业资金的安全和有效运转，保证会计资料的有效运用，提高管理的水平和效益，从而打造完美的财务团队，更好地服务于企业，让企业得到更好的发展。

急促而有节奏的高跟鞋的声音在走廊里变得越来越清晰，然而高跟鞋的声音突然停在刘畊宏的办公室外。随着办公室的门被“粗暴”的打开，才知道高跟鞋的主人是公司营运部门的高级经理。她表示出非常不愉快的态度，高傲地说道：“你们会计部门的员工不合作，不让我领取差旅预支费用。你看，我的付款申请书已经获得了总经理的批准，明天就要出差去外地了，耽误行程你们负责得起吗？作为会计部门的总监，你怎么能纵容手下员工这么做呢！”

刘畊宏并没有着急地和这位傲慢的女士争辩什么,而是接过她的预付款申请书,却发现上面的金额已经远远超出了公司有关规定的限额。此时,作为一个称职的财务总监,他必须平衡制度、经理、员工之间的关系,更要处理好因为差旅预支金额所引起的争辩。为了打造完美的团队,就必须遵守公司的规章制度。作为财务总监的刘畊宏决定支持自己的财务人员,因为她是按照规定处理事情的,但是营运部高级经理的申请也已经得到了总经理的签字批准,这看上去是一件非常小的事情,但是影响却非常大。因为总经理如果批准了超额领取预付金的申请,那么公司当中有关备用金使用的有关原则和规定将如同虚设。如果刘畊宏没有支付这笔钱,又得罪了这位部门的经理,同时这也得罪了在申请书上签字的总经理。这是一件非常难办的事情,同样也是财务人员经常遇到的问题。而刘畊宏面对这种情况,一贯原则就是站在财务部门的立场,坚持按照程序处理,但是在处理的过程中还要有所变通。他决定仍然签发支票,然后由公司的司机陪同这位经理到银行去支取现金。

作为财务总监,遇到问题解决问题是自己的本职工作,但是这位高傲的部门经理非但没有领情也不买账,认为自己有总经理作后台,在刘畊宏的办公室内趾高气扬地宣称要总经理来解决。于是一阵刺耳的高跟鞋声又消失在办公室的走廊里。

这时候刘畊宏并没有放松自己的心情,因为他知道一会才是自己真正要面临的问题,于是他准备好有关的资料和制度手册,等待总经理"大驾光临"。

果然不出刘畊宏所料,十分钟后总经理亲自来到了他的办公室,他非常有礼貌的请老总坐下,总经理手里拿着预付款申请书质疑到:"为什么我批准的差旅费预支申请你们拒绝支付,你们什么意思?"刘畊宏知道回答这个问题需要有一定的技巧,他想了想回答到:"请您在申请预支表上再签一次名,我马上支付。"他疑惑地问:"为什么?"于是刘畊宏就把事先准备好的各种资料和关于预付金使用的有关制度摆到了总经理的面前,说:"这些以往的资料都是严格按照规定执行的,而关于预付金使用的有关规定也是您批准实施的，同时也将这些规定印成制度手册分发到每个员工手中。现在这张预付申请虽然已经经过了您的批准，但是已经远远超过了公司规定的限额，如果我照付，那么将违反公司规章制度。不过制度是死的人是活的，只要您在上面再签一遍名字，就表示您特批了这次申请。其实之前我已经和营运部经理解释过，也做了两全其美的安排，但没有得到她的同意，其他的部门都是按照公司的规定办事，我认为还是应该按照您批准的规定执行，不能有所例外。”

听完了刘畊宏的解释，总经理没有不高兴，并同意了他的办法。因为这是合情、合理、合法的变通处理，最终营运部经理也只能按照规定办事。

在财务工作当中，会计人员总是遇到一些非常难以抉择的问题，如果坚持按照企业的规章制度办事，就可能得罪上级或者周围的同事，相反就会丧失财务工作的原则，让规章制度变成虚设的条例。这件事情告诉我们，财务工作应该讲究工作的艺术，才能达到最佳的工作效果。刘畊宏对问题的处理方法，既体现了会计人员坚持准则的道德规范要求，也体现了财务人员参与管理的道德规范要求，在工作中遇到违反规定的事情坚决抵制，在财务工作中严格遵守内部控制制度，从而打造一个完美的财务团队。

由此可见，内部控制制度对于一个企业的重要性，尤其是对财务部门的人员执行工作的准则有着很大的影响，只有严格遵守控制制度，才能避免掺杂人为因素而影响工作。因此，我们要想打造一个完美的财务团队，首先就应该从内部控制制度开始，落实好财务的本职工作；外审人员做到查账的工作，尽可能降低审计的风险；内审人员做好绩效，让工作变得更加轻松、快捷。

第十三章　高效执行:完美的行动力成就卓越的工作

潜能开发大师陈安之老师曾经说过:促使一个人失败的最大原因就是不能立即行动和执行不到位。对于财务工作者来讲,执行力在工作中同样起着举足轻重的作用——只有完美的行动力,才能带来完美的工作。财务工作者在工作的过程中,一定要记住“不为拖延找借口”,做到“今日事今日毕”,让时间在你的手中挥洒自如,由此一来,你的财务工作才能达到完美。

1

“日事日清”，才不会日日清零

“日事日清”是每一名财务工作者必须具备的职业习惯，财务工作者每天和数字打交道，每天都有必须完成的任务，日事日清则可以帮助财会人员有条理地工作。

但是，在我们的周围却总是出现这样的现象：有的财务工作者将今天应该完成的核算留到明天，明天再接受新的任务，于是便将其搁置；有的财务工作者没有完成今天的日记账，便为自己找“明天再做也不迟”的借口……正是因为这些现象的出现，让很多财务人员在工作中重重受阻，甚至给公司或者企业带来不必要的损失。

殊不知，要想将本职工作做好，要想以良好的“战绩”获得领导的赏识，要想保证自己的工作万无一失，财务工作者不仅要学会绝对服从，还要做到“日事日清”。

我们不敢想象，一个喜欢拖延，喜欢将今天的事情拖到明天的财务工作者能够做好财会工作，能够将那些混乱的数字整理得有条不紊；一个喜欢告诉自己“再等一会儿做”的财务工作者能够按时完成每天的财务工作，能够成为企业真正的“管家”。

正是因为如此，很多企业在招募会计人才的时候都会非常慎重，在工作的过程中还会对财务工作者进行综合考核，用“优胜劣汰”决定员工的去留。所以说，如果你想成为领导身边的“红人”，如果你想成为公司的顶梁柱，那么，你就要认识到“日事日清”对财务工作者的重要性，并让自己养成好习惯。

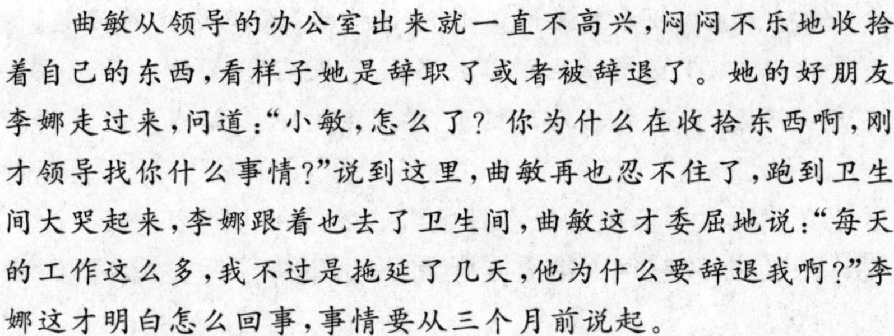

曲敏从领导的办公室出来就一直不高兴，闷闷不乐地收拾着自己的东西，看样子她是辞职了或者被辞退了。她的好朋友李娜走过来，问道：“小敏，怎么了？你为什么在收拾东西啊，刚才领导找你什么事情？”说到这里，曲敏再也忍不住了，跑到卫生间大哭起来，李娜跟着也去了卫生间，曲敏这才委屈地说：“每天的工作这么多，我不过是拖延了几天，他为什么要辞退我啊？”李娜这才明白怎么回事，事情要从三个月前说起。

曲敏家境贫寒，但她喜欢数字，于是，大学毕业后自己就一边工作，一边将会计资格证考下了。三个月前，曲敏拿着自己的会计证来到了这家公司，成功地被录取了，负责该公司的出纳工作。也是在那个时候，她和李娜认识了，两人关系非常好，在工作上她们相互帮助。

有一次，曲敏因为要加班，李娜便在办公室和曲敏做伴，两人打算一起回家。当曲敏工作的时候，李娜就在旁边检查自己一天的工作，以减少工作中的错误。看到李娜这样认真，曲敏不禁笑道：“李娜，你干吗这么认真啊，你看看我是怎么做的？”说着，将自己这段时间来的日记账拿给李娜看。

李娜不禁大吃一惊：“曲敏，你怎么能这样啊，你的银行日记账一点也没有做？全部用银行对账单代替？”

这时候，曲敏还得意地说：“是啊，我聪明吧？”

“我劝你还是赶紧补上吧，领导知道了一定会责怪你的，不仅这样，你到时候照样要补上。”李娜好心劝道。但是，曲敏却说：“每天这么多工作，怎么可能让我做这么多事情？其实刚开始我也很认真，但是一天下来，根本做不完，所以我就拖着，最后就不想设置银行日记账了。”

看曲敏这样，作为好朋友的李娜再次劝：“曲敏，你已经把这个工作拖了这么久了，真的不能再拖了。其实刚开始工作的时候，完不成很正常，但只要你想办法加点班，就可以完成了，等熟练之后，一切都会步入正轨的。你要知道，我们做出纳的，必须学会日事日清，不然最后真的会日日清零，没有任何收获。”但曲敏不听，依然不去补做那个工作。

就在刚才，领导对她的工作进行检查，发现这样的问题，便指责她，她却理直气壮地说："我不就是没有完成吗？再说每天这么多任务，完不成就只好拖了，要不然你再多给我几天时间。"

"多给几天时间"或许对于一名财务工作者自身没有什么，但对于公司来讲意义就重大了。出纳员本身负责的就是每天的日记账。之所以叫"日记账"，就是因为它每天都需要记录，拖延就等于企业无法随时掌握资金流动的状况。

要知道"明日复明日，明日何其多"，我们可以把今天的工作留到明天去做，但是，明天的工作又留到什么时候做呢？后天？还是后天的后天？无论留到哪一天，对一名财务工作者来讲都不是最为明智的选择——财务工作者要想避免"日日清零"，就要学会"今日事今日毕"。只有这样，才称得上是合格的财会人员，才可能将本职工作做好做精。

总而言之，优秀的财务工作者都是不会拖延的人，因为他们知道，拖延是工作的一大"杀手"，有了拖延，工作就会受到很大的影响。所以，他们严于律己，严格要求自己的行为，做到"日事日清"，努力将每天的工作按时完成。

相信每个人都想成为著名的注册会计师，都想在工作中取得非凡的成就，那么，把"今天"的工作做完吧。不要让今天的"拖延"毁了明天的幸福，更不要让自己的人生输给"今天"。

2 执行没有任何借口

"领导，我今天有事情，所以没有完成工作，明天我再将财务报表给你吧。"

“今天手机坏了,所以没来得及告诉您,昨天我去某某公司进行审核的时候发现了一个问题……”

“昨天儿子生病了,所以才没有做日记账,不过我会尽快补上的。”

“我这些账目之所以会出现问题,主要是因为那天晚上实在太困了,脑子好像一片空白。”

“明天我要去医院看我生病的母亲,去审核的事情您能不能让别人去啊。”

“我这几天有点不舒服,银行日记账的账簿我过几天再给你吧。”

……

相信每一位领导都经常从公司的财务工作者口中听到这样的借口。这些不同“借口”,为的就是推脱任务,推脱自身的责任,更重要的是为自己的拖延找了自认为“十全十美”的托辞。

殊不知,员工缺乏执行力是任何一家企业都不允许的,任何一个一味拖延、没有执行力的员工都不可能成为工作中的“常胜英雄”。身为一名财务工作者,我们一定要清楚地知道做财务工作不可马虎和拖延,要时刻提醒自己,执行没有任何借口。只有这样,才可以避免工作中的失误,才不会出现账目差错,报表迟迟无法完成等现象;也只有这样,财务工作者才可能将工作做好。

无论是拥有上千名员工的大型企业,还是寥寥几人的小型公司,一般都会有财会人员,负责平日的开支和出纳,配合国税局的人或者审查署的人来检查财务状况。

一次,国税局稽查人员在对昆明市的一家加油站的税务上交情况进行检查的时候,发现这家加油站的税务登记证件出现了一些问题,这家加油站被迫停止营业10天。在这10天内,经过仔细检查,事情终于真相大白了。

该加油站的原地址是在该街道的26号,一个月之前,搬到了马路对面的30号。在搬迁完毕之后,该加油站的老板便吩咐财务人员:“你今天下午去街道办事处更改咱们的税务登记证,人家下午6点下班,你忙完就快点过去吧。”

老板虽然已经吩咐了,但是,身为财会员工的张启明却推辞道:“老板,我今天下午还有点事情,忙完之后我想去一下火车站接个朋友。”

于是老板便说:“这样啊,那你明天去办吧,办完之后再来上班。我今天下午有点事情,不能过去。你明天不要忘记就可以。”听老板这样说,张启明就答应。

第二天的上午,张启明10点才到加油站上班,当老板问他事情办得怎样的时候,他“不好意思”地说:“哦,我今天本来打算去,我6点就起床了,但是,在半路的时候遇到了一个好朋友,一聊天就忘记了,我下午再去吧。”看张启明这样说,老板只能说好。

但就在这天下午,国税局的人就来了,一看税务登记证上的地址和现在的地址不一样,最后就出现了被迫停止营业的情况。

借口是拖延的温床,是问题的根源。凡事都留到明天,或者明天的明天去做,只会带来不好的后果。就像故事中的张启明一样,在公司地址发生改变的时候,国税局一般都会格外注意,并准备采取检查的行动。但是,作为一名财务工作者,张启明却不懂得这一点,更不懂得“今日事今日毕”,最后找诸多的借口为自己的“懒惰”进行掩饰,让加油站蒙受损失。

对于从事财务工作的员工而言,为拖延找借口的行为,是不负责任的表现,是缺乏服从精神的表现,更是不热爱本职工作的表现。这样的财务工作者是不可能在工作中有所成就的,这样的人同事不会喜欢,领导也很难认可。

由此可见,作为一名财务工作者,我们要时刻牢记自身的天职,让“绝对服从”的精神贯穿工作的始终,让执行为工作加分。无论你负责的是出纳工作还是审计工作,你都要告诉自己“执行没有任何借口”。只有当我们真正做到不找借口去执行的时候,当我们真正做到“立即行动”的时候,才能避免财务工作中的失误,避免不必要的损失,才能保证工作的“与时俱进”,让完美的执行力成就卓越的工作。

3

第一次就把事情做对

正在忙碌的师傅对徒弟说:"你现在去库房拿一个扳手过来。"徒弟飞奔而去,在库房寻找了好久,才拿着一个扳手走过来。师傅见到徒弟手中的扳手不禁大怒:"你怎么这么笨啊,我需要的是一个小号的扳手,这么大的扳手我怎么用?"

听师傅骂自己,徒弟委屈地说:"您也没有告诉我拿个小的啊。"这时候,师傅才意识到自己的错误,于是主动道歉:"请原谅师傅,是我不好,我没有第一次就把要求说清楚。"

著名管理学家克劳士比曾经提出了著名的"零缺陷"理论,其中的精髓之一就是"第一次就把事情做对"。

第一次就把事情做对是每一家企业期盼的,也是每一名员工工作的时候应该做到的。但是,作为一名财务工作者,我们经常发现这样的情况,有的财会人员工作的过程中敷衍了事,心不在焉;有的财会人员白天"马虎"工作,忽视工作中的细节错误,晚上检查工作,最后却因为没有时间而搁浅。这些做法最后都会对自身和企业造成一定的影响。

财务工作者每天都有新的工作,每天都要和密密麻麻的数据打交道,如果不能第一次就把事情做对,就会在工作中出现很多问题,比如将"预付"和"预收"混为一谈,将小数点点错位置等。

所以说,要想成为一名成功的会计师,就要严格要求自己第一次就把事情做对,不要让自己的"小失误"导致严重的后果,更不要等到发现错误的时候再花费更多的时间去改正错误——工作中出现的很多错误是没有办法改正的,再者,在改正错误的时候还会滋生新的错误。

临近年末,浩宇集团的业务也渐渐多了,尤其是财会部的员工们,更是忙上加忙。他们不仅要对每天的出入账进行统计,还要将年终的财务报表整理出来。为了尽快完成工作,财会部的领导将工作进行了不同的分工，对人员进行了适当的调整，就这样，大家展开了忙碌的工作。

郝一霖就是财会部的一员，他负责的工作是制作财务报表。郝一霖本以为做报表是一件非常简单的事情，但是在他刚刚工作的前几天，他就完全体会到工作的艰辛：他每天都要对一年来不同阶段的财务进行不同层面的分析，并参考每个月的报表，还要制作新的财务报表，每天他都要工作到深夜才能休息。

这样的工作任务似乎让郝一霖吃不消，再看看身边的同事，似乎都非常轻松，根本不用加班，于是，他的脑中出现了一个想法：马上就要过年了，我没有必要把自己弄得这么累，做个大体的财务报表就行了，再说了，我制作完之后，还有专门人员审查呢，有问题他们会发现并改正的。

正是这样的想法指引着郝一霖的行为，他在分析每个月的财务时，只是对一些大的项目进行审核，很多小的项目被他“删”了，报表上显示的也只是一些大项目的收支情况。

其实，这样的做法在财务工作中是不允许出现的，这会严重影响公司每年的盈亏核算，还会带来很多不必要的麻烦。但是，郝一霖毫无察觉，他每天轻松地进行这“重大的任务”。

在忙碌了十天后，财务都终于完成了工作，郝一霖也交出了这段时间做的报表。此时，郝一霖还在庆幸：幸亏我没有傻乎乎累死累活地工作。但是，就在他交上报表的那天下午，财会部领导就找到他：“郝一霖，这是你做的财务报表吗？”郝一霖回答是。

“这个报表你可能要重新做，漏掉了很多详细的财务收支，审计部要求你重新整理，给你三天的时间。”领导说。

郝一霖蒙了，自己用十天的时间做的报表居然成了一团废纸，不仅如此，还要在三天之内重新制作。

郝一霖第一次投机取巧，没有将工作做好，更没有将工作做细，最后才给自己带来了不必要的麻烦。我们可以试想一下，如果郝一霖在第一次制作报表的时候能够严格要求自己，认真完成工作，最后也就不必花费时间修改报表了。

这个事例旨在告诉我们，身为一名财务工作者，要懂得对工作负责，争取第一次将事情做对。只有这样,才能避免工作中的失误,才能避免工作中不必要的麻烦。当我们真正做到第一次将事情做对的时候,我们的工作效率也会提高,我们何乐而不为呢?我们何苦“钻空子”,将错误留在第二次,或者第三次呢?

其实,在从事财务工作的员工中,懂得“将事情做对”的道理的人很多,但是他们往往疲于应付繁忙的工作,始终无法要求自己“第一次将事情做好”。殊不知,盲目的“忙”不能换来优秀的工作,相反会为自己带来烦恼,甚至影响整个财务工作的进程。这是任何一家企业不允许出现的情况,也是每一名财务工作者应该避免发生的情况。

总而言之,你要想成为知名的会计师,要想成为公司领导的得力“钱柜”,那么,从此刻起,你就要模仿成功会计师的做法——细心观察身边的财务工作者,我们就会发现,但凡一个成功的会计师,他们在工作的时候都会严格要求自己的行为,将事情在第一次就做好,这就是成就他们的“法宝”。

4 彻底扼杀高效执行的大敌——“差不多先生”

“我抽着差不多的烟,又过了差不多的一天;时间差不多的闲,我花着差不多的钱;口味要差不多的咸,做人要差不多的贱;活在差不多的边缘,又是差不多的一年……”这是《差不多先生》中的歌词。它惟妙惟肖地将“差不多先生”展现在我们的眼前,让我们身临其境般地走进“差不多先生”的生活。

“差不多先生”在我们的工作中屡见不鲜,正是因为他们的出现,给企业的执行力带来了很大的影响。就像在财务工作中一样,很多财务工作者总是抱着差不多的心态:数据差不多就行了,预收款差不多就行了,报表做得差不多就行了。殊不知,这些“差不多”的行为不仅会影响财会部的整体工作,还可能影响到整个公司的运营和发展。

身为一名财务工作者,我们一定不能做“差不多先生”,要时刻保持较高的热情投入财务工作,将每一个数字弄得“明明白白”。要知道,财务工作者每天和不同的数字交战,必须具备高度认真的态度,“差不多”只会让我们的工作搁浅,只会给我们的财务工作造成很大的阻力。

“差不多先生”对工作的影响相信很多财务工作者都深有体会,但是,在从事财务工作的时候,面对一大堆数据,面对不同时期的报表,很多财务工作者就开始给自己找借口,能够真正认认真真,坚决杜绝“差不多”的人却寥寥无几。

“韩笑,我昨天给你的那些数据你分类了吗?感觉怎么样,有什么难度吗?”领导走进宽敞的办公室,站在韩笑的旁边问道。

“嗯,差不多了,我差不多今天晚上把报销单和报表给您吧。”韩笑抬头看着领导说。

领导听韩笑说差不多,就理解成应该没问题了,所以就走回自己的办公室,进行其他的工作了。

晚上下班的时候,韩笑把自己做好的财务报表和报销单给了领导,领导说了一句“辛苦了”就让韩笑下班了。韩笑也大功告成,开开心心地回家了。

领导知道,韩笑向来就是公司的“马大哈”,平时做事情总是模棱两可,“差不多”就行,所以对韩笑交上来的报表进行了一下审核。在审核的过程中,领导发现了一个很大问题:韩笑将很多数据的小数点之后的数字省掉了,全部用四舍五入的方法进行了调整。看到这样的情况,领导赶紧打电话给韩笑:“韩笑,你赶紧来公司一趟,我有事情找你,你九点之前必须赶到。”听领导急切的声音,韩笑也不敢怠慢,便匆忙赶到了公司。

由于没有吃晚饭,所以韩笑在路上的时候买了点零食,当她到公司的时候已经九点半了。不仅如此,她的形象也让领导大跌眼镜,她一手拿着面包,一手拿着水,一边吃着一边推门。这无疑是火上浇油,领导气冲冲地说:“你还吃啊,我不是说让你九点钟赶到吗?现在都几点了?”韩笑赶紧放下手中的零食:“九点和九点半不是差不多吗?”

看韩笑这样说，领导又想到了今天的工作，便问道：“你今天的工作怎么回事？怎么把很多数字省略了。”韩笑这才明白为什么领导让她返回公司，她不以为然地说：“我感觉有没有那些都差不多，而且那样做之后，计算起来就方便了很多。”

“差不多？我告诉你多少次了，我们的工作是不允许差不多的，你在这里省略一点或许看不出来，也造不成什么大的损失，但是你处处省略问题就严重了，量的积累最后就是质的飞跃，小错误就会变成大错误的。”

这时候，韩笑才意识到自己的错误，赶忙道歉：“我知道错了，以后再也不敢了。那现在怎么办啊？”韩笑有些紧张地问道。“能怎么办，我们一起加班吧，但你要记住，不能再‘差不多’了。”看到韩笑紧张的表情，领导也就没有再说什么，只得无奈地说。

韩笑就是典型的“差不多先生”，在我们的工作中，像韩笑这样的财务工作者还有很多。我们往往凭着自己的“差不多”感觉，去完成自己的工作，最后换来的却是相差很大的结果。殊不知，每一名企业老板要的都是精确的结果，尤其是在财务方面，他们更不允许“差不多”的出现。因为“差不多”就等于完全不准确，等于没有任何的参考价值。

虽然有人在数学发展史中发明了四舍五入法，发明了省略符号，但是，身为一名财务工作者，我们却要时刻谨记自身的职责，彻底将“差不多”删除，将那些“求简”的方法彻底摒弃——财务工作中忽略小数，做报表的时候为求简化便省略一些不起眼的项目，做出纳日记账的时候不认真等，这些都是“差不多”在工作中的表现，我们必须时刻自省，并坚决杜绝这样的行为。

想想鲁迅先生笔下的“差不多先生”：母亲让他买红糖，最后买来的却是白糖，并口口声声说“白糖红糖都是糖，差不多”；学堂的先生问他直隶省的西边是哪一省，他说陕西，先生说不对，应该是山西，他却说“陕西和山西差不多”……正是因为这些“差不多先生”的存在，让中国渐渐成了别国眼中的“懒人国”。

相信每一名财务工作者都不想被别人称为“差不多先生”，更不想让别人认为自己是懒人，相反的，我们都想成为领导身边的红人，成为一名真正的财务工作者。那么，从现在起，我们就要保证工作的高效性，要做到这一点,我们就必须将高效执行的大敌"差不多先生"清除掉。

5

时间管理,让工作有序又高效

无论你是一名实习的财务工作者,还是已经在财务工作中摸爬滚打数十年的老员工,或者是已经功成名就的会计师,要想让自己的工作高效有序,首先就要学会管理自己的时间,要将每天的 24 小时进行合理地分配,并严格要求自己,在固定的时间完成规定的任务。

相信很多财务工作者在工作的时候都有这样的体会,每当看到蚂蚁般的数字,心里就会产生一种畏惧感,甚至后悔当初的选择——不应该选择会计专业,更不应该拼命跻身于财务工作者的行列。

其实,财务工作并没有这么复杂,同样也没有这样可怕,我们之所以会认为财务工作复杂难做,最主要的原因是我们不懂得管理自己的时间。管理时间并不是让我们去注重每分每秒的每一个细节,而是让我们对工作有一个规划,对每天的时间都有一个合理地支配,而不是让时间支配我们的工作。

众所周知,任何大目标的实现都是顺利完成无数细节性工作的结果,财务工作就像一场马拉松比赛,要想成为最后的胜利者,就要设下不同的小目标。这也就告诉财务工作者,不管在什么时候,不管遇到多么复杂的数据,不管要制作多少财务报表。只要我们懂得管理时间,制定不同的计划,在某个时间段做什么,在某个时间段完成什么样的任务,我们的工作就会变得井然有序,那些"数字蚂蚁"也会在你的指挥下有序前行。

谭琴在启明华威公司上班三个月了,这三个月的工作经历,让她有很深的感触:只有懂得为自己制定工作计划,工作才可能井然有序地进行。

谭琴大学学的是计算机专业，在选专业的时候，谭琴的父母都认为学了计算机以后就可以天天坐办公室了，所以谭琴听从了父母的意愿。

但是，在谭琴大二的时候，姐姐告诉她："你知道吗？现在计算机行业的竞争压力太大了，你应该在大学期间兼修其他的专业。"就这样，谭琴选择了商业会计专业，因为她听别人说会计天天和钱打交道，就算那些钱不是自己的，能拿拿也是很不错的。

初入职场，谭琴有很高的激情，很认真地完成本职工作——因为她是刚刚来的，领导在分配任务的时候不会分配太多，任何一个实习会计都能够完成。然而，好景不长，谭琴的实习期很快就结束了，她迎来了工作中真正的挑战。

谭琴负责的是审计工作。上班后的第二个月，领导交给了她一项任务，让她对出纳人员做好的日记账和财务报表进行审核，并计算出每天、每个月的收支，对货币的价值进行一定的评估。谭琴对这些工作束手无策，实在不知道怎么做，最后还是在同事的帮助下，才有了点眉目。纵然如此，她还是没法完成每天的任务，每天晚上都要加班到一两点才睡觉，工作和生活完全混在了一起。

每天看其他的同事似乎都很轻松，转眼再看看自己，谭琴真的有点筋疲力尽了，她突然觉得自己当初的选择是错的，自己根本不适合做财务工作。有了这样的想法，谭琴更加没有心情工作了，她写了辞职信，交到领导的办公室。

领导看到辞职信后，很和善地说："谭琴，你为什么要辞职呢？现在不是做得好好的吗？"

谭琴不想瞒着领导，于是就将这段时间的感受和想法告诉了财会部的领导，领导听后，笑了笑说："谭琴，我想你不用辞职，现在我教你一种方法，你先试一下，一周后如果你还想离开，我不会拦你的。"财会部的领导教给谭琴的方法就是管理自己的工作时间，制定合理的工作计划。

谭琴按照领导说的，每天制定工作计划，一周后，她要辞职的想法已经烟消云散了，因为，她的工作不再是一团糟。

从事财会工作，我们要懂得什么任务必须立即完成，什么任务可以稍微拖延几天，要懂得轻重缓急。只有这样，我们才能制定合理的工作计划，才能更好地管理时间。谭琴之所以会感到工作沉重，之所以会把工作和生活混为一谈，最主要的原因就是她不懂得管理自己的时间。

要知道，但凡一个成功的知名会计师，都是管理时间的高手，他们在一天的时间内能够完成过量的任务，这就是管理时间的能力。当然，管理时间的能力不是一朝一夕能够练就的，需要付出实践并坚持不懈地努力。

(1)根据自身的不同情况制定每天的工作计划。

任何一家企业讲求的都是团队精神，一盘散沙的企业很难在商业之林立足。正是因为这样，财务工作人员也变得多元化，财务工作者的角色各不相同：有的负责出纳日记账，有的负责审计，有的负责制定财务报表……不同的角色要完成不同的工作，我们要想把自己的工作做好，就要学会制订计划。

在制订计划的过程中，切记不能随大流，财务工作者要根据自身的工作任务和工作时间，为自己量身定做每天的工作计划。只有这样，才能保证工作计划的可执行性，才能保证按时并按质地完成工作。

(2)严于律己，高效执行。

很多财务工作者在为自己制定完工作计划之后，总是很难按计划完成工作，喜欢给自己找很多借口，或者将计划搁浅，将每天的任务拖延。这样做的后果就是工作没有秩序，最后将自己弄得焦头烂额，要知道，在这样的情况下很难将工作做好。所以说，身为一名财务工作者，我们不仅要管理自己的时间，制定合理的工作计划，更重要的是我们应该严格要求自己，高效执行工作计划。

(3)自我反省，提高时间管理能力。

失败乃成功之母，这句话告诉我们，失败并不可怕，可怕的是我们不懂得在失败中吸取经验。

身为一名财务工作者，我们要想把工作做好，要想在工作中提升自己的管理能力，那么就要学会反省——在每次完成一项任务之后，认真审视工作计划，汲取其中的合理之处，总结应当改正的地方。由此一来，在不断地审视和反省中，我们的时间管理能力就会“更上一层楼”。

第十四章　个人素养:提升工作,从提升自我开始

个人素养决定着一个人工作的成败,每一名财务工作人员都要意识到这一点,在工作中不断提升自己的素养,让自己的每一项工作任务都完成得非常出色——即使是工作中的一个小数字,也不要疏忽,严把财务工作中的每一关,不断积极地去提升自己的能力,用踏踏实实的态度去做事,遵守财务人员职业道德规范,这样才能成为一名成功的财务人员。

1

个人素养是职业成败的关键因素

何为个人素养？它其实是一个含义广泛的名词，把它体现到职场上就是自己的专业技能和必备的职业道德；而体现在生活中，就是个人的道德修养或者是个人的素质。

不管是在生活还是职场中，个人素养都是人们必须具备的基本的行为规范。自身的职业素养是通过人们的日常行为体现出来的，也就是说个人的行为是外在的表面现象，真正的内涵体现其实是职业素养。

在当今这个经济高速发展的时代，财务管理俨然已经成为了一个企业管理的中心，成为了企业能够发展的重要依据。财会人员作为财务管理工作的主要担当者，财务管理的质量取决于他们的思想意识和专业知识水平。可以这样说，公司的命脉是财务，财务工作的主体是财务人员，提升了财务人员自身的素养，就能促进企业更好更快地发展。

为了满足时代高速发展的需要，越来越多的人加入了财务工作的行列。这样就造成了入行的门槛很低，虽然有大量的会计从业人员，但是具有较高职业素养的财会人员却并不多。很多人都只是在企业里简单地做着一个账房先生，每天都只是完成一些账目的核算和整理，而不去努力提升自己的能力，不去进一步提高自己的职业素养，这样的人已经失去了成为一名合格的财会人员应该具备的条件了：没有一颗冷静的头脑、对数字不具备基本的敏感度、在别人面前不谦虚，工作一拖再拖、从来不为企业的明天去考虑。缺失了这些东西，也就注定了他职业生涯的失败。

认识到了个人素养对于职业成功的重要性，我们就要有针对性地去

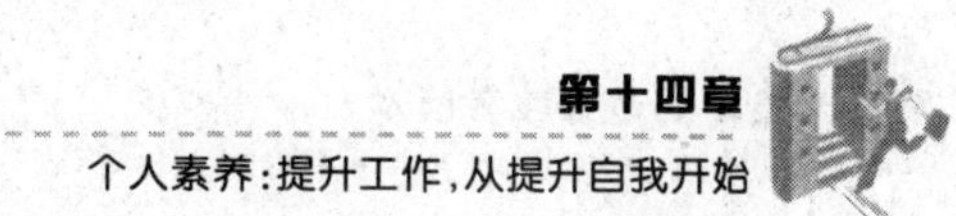

提升和改善。从下面几方面入手,就可能成为一个好的财务工作者:

第一,培养自己对工作的兴趣。

财务工作是一个需要每天都和数字打交道的工作。如果你对数字有了兴趣,就会在自己丰富的财务会计知识上积累出一个相当高的数字敏感度。这种数字敏感性可能会在某些时候对企业产生不可估量的影响。要知道,很多企业破产的原因就是财务部门未给企业提供财务风险建议,也就是说企业内部缺少一个非常专业的财务工作人员,将会成为一个企业面临危机的预警信号。

第二,与人沟通协调的团队精神。

在现实生活中,人的社会性会决定一个人的成败。我们都知道独木不成舟的道理,要想让自己成为一个出色的财务工作者,就必须要把自己融入到团队里面。财会工作的环境相对比较封闭,所以许多财会人员性格很内向,不善于和别人交流沟通,他们只知道埋头把自己的本职工作做好,却忽略了团队合作对于工作的重要性。一个好的财务工作者,需要具备良好的沟通能力。这种能力既包括了本部门之间的沟通,也包括了和企业里其他部门的沟通协调。沟通的过程就是你深入了解工作,了解企业的过程。每一个财务部门都是由多个职能的人员组成的,你只有搞好了团队关系,以礼待人,才可能在相互帮助中去学习别人的长处来弥补自己的不足,才能在自己的财务工作中越走越好。

第三,扎实的专业知识。

我们可以把财务人员分为一般的工作者和管理者。对于一般的会计工作者来说,他需要熟悉企业会计准则和会计制度,并且要对自己负责的财务工作非常熟练。而对于那些已经是管理者的会计人员来说,除了掌握最基本的财务、会计、审计、税务、投资活动等,更需要了解和掌握一些其他的相关知识,比如关注社会整个的经济形势,了解它对企业发展的影响;对国家相关的法律法规也要有深入的了解;甚至要关注世界的政治形势。要知道一个优秀的财务管理人员,是有非常高的综合能力的人。只有具备完善的专业素养,才会在财务工作中有一个正确的思维,能够做出合理的职业判断,为企业的经营管理提供可靠的财务依据。

第四,基本的职业道德素养。

人类之所以被称为高级的哺乳动物,就是因为在人类世界里有一套约束自我的道德准则。在工作和生活中,我们都要用这样的准则行为处事。财务工作者在工作中应该遵循基本的会计职业道德。因为财务工作关系着一个企业的发展,本着对国家、社会、企业负责的态度,每一个财务人员都要严格按照相关的法律法规来处理财务上的问题,坚决不能瞒报、漏报或是做假账。合格的财务人员会把这种职业道德贯彻到每一项工作中。

企业的竞争靠人才,人才的竞争靠自身的素养。我相信每一个财务工作者都愿意在自己的职业生涯中获得成功,都愿意自觉地提高自身的素养,提高自己的综合竞争力,让财务这个职业成为自己人生中最夺目的亮点。

2 让自己成为一名高素养的财会工作者

我们常常在看到别人成功的时候,感到无比羡慕,仿佛我们只能站在山脚去仰视他们的成就,而不能爬上山顶与他们一起俯瞰世界。但是当我们真正走近他们去探寻他们成功的秘诀时,就会发现他们成功的背后有一个共同遵循的准则——不断提高个人素养,他们在自己的职业生涯中努力地去实践和提升自我的素养,因而成功就向他们敞开了大门。

那些优秀的财务工作者也是一样的,无论他们身处在多么激烈的竞争中,无论他们的工作是多么的枯燥和辛苦,他们从来不会放弃作为一个财务工作者的基本道德,他们始终都把自身的素养放在职场的第一位。

工作,是一个人生存的基本保证,是一个人不可或缺的生活内容。要想做好工作,首先就要知道怎么去做好人。一个没有素养的人是不会做好任何工作的。同样,一个财务工作者不管多聪明、专业技能多高,或学

历背景有多优秀,如果他不懂得做人做事的基本素养,那么他最终也不可能成为一个好的财务人员,不可能成为企业的合格员工。我们常说,素养是一个人最重要的内在品质,如果一个人的内在素养太低,那么你可能这辈子都会碌碌无为,一辈子都不可能获得被别人尊重的机会。

王东,一个有着憨厚的笑容,非常朴实的西北大男孩。2009年7月,他从老家甘肃庆阳市来到了自己最向往的东莞,因为这里是打工者的"梦想之城"。从西北农村出来的他很快就找到了一份工作,之前在老家一直做会计的王东成为了东莞一家毛绒玩具厂的财务部会计。

在王东进厂的第一天,招聘他入职的财务经理就对他说:"小王,我之所以力排众议招你进来,就是因为我看中你的朴实,你虽然只有中专学历,但是我却很喜欢你,因为你是招募的这批新会计人员中,在应聘现场表现得最有职业素养的一个。我说这番话并不是想夸你,而是希望你继续保持,继续努力,将工作做到位,成为一名出色的财务工作者。"

可以说,财务经理的话被王东当做了职场"座右铭",在此后的工作中他一直都保持着较高的职业素养,认真仔细地做好每一项工作。

2010年春节的时候,王东因为离老家太远没有回家,而是选择留在公司值班。然而,令人意想不到的是,就在正月十五元宵节那天晚上,财务部所在的B区3号楼发生了火灾。当时,正在公司里的广场上看灯会的王东听到这个消息之后,马上冲向自己的办公室——他的办公桌抽屉里还放着6万块钱的现金和一大堆重要的票据。

等到王东跑到3号楼下面的时候,消防队已经来了,现场全是浓烟。就在这个时候,王东突然把自己的衣袖在楼前的小喷泉里浸湿,然后捂着口鼻就冲了进去。

王东的这一举动吓坏了很多人,但是因为火势过大没有人敢追进去拉他出来。就在现场的所有人都为王东担心的时候,一脸乌黑的他又从浓烟中窜出来了——他手里抱着一个大抽屉,抽屉上面捂着一块湿布……

值得庆幸的是，王东除过头发眉毛被烧焦、略受一点儿轻伤之外，一切都很好。后来，在公司为他举办的表彰大会上，领导让他谈谈自己为什么会为了抢救公司财产而不惜冒这么大危险的时候，他说："我是一名会计，更是一名有着职业素养的会计，我情愿为了我的职业奉献出自己的一切！"

……

多么简单而又朴实的语言，王东虽然是一名普通的会计，却拥有良好的职业素养，这份素养让他成为了公司中的英雄。

我们之所以去崇拜那些伟人，很大的原因就在于他们身上都有非常好的生活和职业素养。素养可以让一个人在社会上得到大家的认可，可以让一个人在工作中尽力做好本职工作，可以让自身的潜力得到最大限度的发挥。作为掌管企业经济状况的财务人员，如果没有一个很好的素养，就有可能会在工作中出现过失甚至是会犯下不可弥补的错误，成为众人唾骂的对象，甚至毁掉自己的前程。

财务工作的特殊性在于财务人员要天天和金钱打交道。如果他们缺乏一个最基本的做人原则，见钱眼开，就会对企业造成很大的损失。面对金钱和欲望的诱惑而不被动摇，其实也可以说是让素养战胜自己内心的那些邪恶的东西，否则就会一失足成千古恨。

我们强调一个财务工作人员的素养，就是要让他们把职业道德放在首位，在遇到任何的问题、任何的诱惑的时候，想想自己应该怎么去做。千万不要让金钱和利益蒙蔽了自己的双眼，污染了自己的心灵，一步一步踏进深渊。一定要牢记：要成为一个值得信赖的、优秀的财务工作者，就必须要树立"做事先做人"的思想，时刻把握好赢得职场胜利的诀窍——成为一名高素养的从业者。

3

智慧高于知识，素养高于智慧

企业之间的竞争归根到底是企业员工自身素养的竞争。一个企业要想成为高素质的企业，就必须拥有一批高素养的员工。也许很多公司都有大量的专业知识丰富的人才，但是企业却始终没有一个很好的发展，究其原因我们可以看到那些知识丰富的人不一定有很高的职业素养，致使他们在工作中不能发挥出自己最大的作用。高素质的员工能在平凡的岗位上敬业、精业、付出，从而为企业创造出卓越的成绩。

在财务工作中，也是同样的道理。一个财务人员素养的高低，关系到他的工作是否能够取得成就，所以财务人员面对工作的态度以及在自己的工作中体现出来的素养和智慧，才是取得工作成就的重要因素。

可能大多数的财务人员都是从专业院校毕业的或者说是在工作中经过了一定的专业培训的，他们积累了大量的有关预算、财务、做账以及审核等方面的知识，但是有丰富的理论知识却不能保证他们的工作也一定是完美的、无可挑剔的。真正有极高的素养的财务人员，他们会把每一项任务当成自己的使命去完成，在做账目的时候多留心，看看是不是有什么遗漏的地方，在做预算的时候，尽量去考虑怎么做既能保证工作的完成又能帮公司节约经费。在审核的时候，他们会对每一笔花销都细细检查，决不让假账、错账从自己眼前溜过。这些工作上的点点滴滴，能造就出一个出色的财务工作者，造就一个完美的企业。

曹露是一个有着十多年从业经验的资深会计师，在十多年的职业生涯中，她积累了丰富的会计经验，也积累了深厚的专业知识，可以说这样的人才是每一个企业都争先恐后去抢的，但奇怪的是，曹露却换了很多的公司，而且每一次都是被部门领导给“请”走的。

2011年初，曹露又来到了一家小公司，她想这家小公司请不起资深的会计人员，自己能来这里，公司领导应该很高兴吧，至少不会再出现以前的情况了。

可谁知曹露在公司只工作了一个月就被解雇了，在得知消息的刹那，她愤怒地来到公司财务总管的办公室，一脚踢开了房门，对着主管就吼道："你们凭什么解雇我？我在这一个月里的工作能力和工作业绩都是有目共睹的，我提出的几项关于审计上的改革，为大家节省了多少的时间和资源啊，你们难道就不知道解雇我会是你们的一个损失吗？"

主管冷静地看着她说道："你先不要激动，听我给你解释。你的工作能力在这一个月里是得到了我们大家的认可，这一点我丝毫不否认。但是你却因为能力自己的突出而显得过于的傲慢了，你在工作中不会去听取任何人的意见，既使那些意见都很正确，你也对它们不屑一顾。"

"你的缺点还远远不止这些，在这一个月里，经常有同事对我说，你在和他们相处的时候总是显得高人一等，不能融入到他们中间。你要知道，我们公司重视员工能力的同时也是很看重员工个人素养的。"

"可是这些东西并没有影响到我的工作啊，你看，昨天的报表我还做得非常出色呢。"曹露极力辩解道。

"如果你在家里单独工作，我不会觉得这有什么问题。可现在你是在公司里，你不仅缺乏对别人最基本的尊重，而且也在无意识中严重影响了别人的工作，所以我们只好请你另谋高就了。"

曹露频繁换公司其实和她的工作能力没有关系，主要是她没有尊重别人的意识，缺乏一个企业员工应有的文明修养。

那些成功人士的奋斗经历无不告诉我们这样一个道理：职业素养成就人生。我们可以说知识有深有浅，智慧有高有低，而素养同样也是可以在工作和生活中通过努力逐步提高的。财务工作也是一样的，每一个财务人员可能都有同样的素养意识，可是他们却在工作中不重视逐步提高职业素养，认为只要有了过硬的专业水平就能达到工作目标，这样的心理也就阻碍了他们职业的发展。

财务人员在日常的工作中要清醒地认识到自己的素养对工作的重要影响，我们可以不是最聪明的那一个，但自己一定不能成为整个部门最没有素养的那一个。素养体现在方方面面，和同事的和谐相处，对工作的认真态度，这些都可能成为自己成功路上的那一个转折点，指引着自己少走弯路。一定要看到，知识不代表智慧，智慧不代表素养，但是一个素养良好的人也一定是一个智慧的人。所以说智慧高于知识，而素养却高于智慧。

4 大机会，往往从有素养的小处降临

我们经常在生活中评价某一个人，而评价这个人最重要的标准往往就是这个人的个人素质和道德修养。在职场中也是这样的，一个员工是不是优秀，关键也是看他的职业素养是否很高，这里所说的职业素养不仅仅包括他所具备的专业技能，更重要的是他所表现出来的敬业精神和职业道德。

一个员工是否具有良好的职业素养，不能只是从某一方面去判断，职业素养是职业能力、职业态度等多项指标的总和。一个想要在财务工作上获得成功的人，就应该清楚职场成就很大程度上取决于你良好的职业素养，而且你所在的团队或公司也必定在员工的职业素养这一方面非常重视。想要在部门站稳脚跟，想要为公司的财务做出贡献，就需要一个财会人员具有良好的职业素养。有一句话叫：机会永远是留给那些有准备的人的。可能在你的平常工作中，会遇到很多的好机会，比如升职、去外地培训、加薪，可是你却没能将这些机会抓到手里。此时，你就应该从能力和素养两个方面去寻找原因了。所以，要想把握住这些机会，一步一步地实现自己成功的目标，就需要在平常的工作中不断提高自己的工作能力和职业素养。把每一份财务报表做好，把每一个财务预算做到完美，甚至是把每一个账目的小数点后面的数字标出来，这些一点一滴的小事通过不断的积累，就会在无形中让你的职业素养得到提升，从而改变你在工作中的一言一行，并且带给你意想不到的变化。

张晓梅毕业于上海财经大学，在学校的时候她就是整个学院同学们的榜样，成绩总是排在年级第一。在毕业的时候，很多知名的公司都向她抛出了橄榄枝，她经过慎重考虑后选择到一家规模不算太大的食品加工厂工作。她觉得以自己的专业水平和能力，在这样一家小公司会很快得到重用，升职加薪的机会比那些大公司多了不少。

果然张晓梅非常轻松地进入了这家公司。因为是刚毕业，虽然说在学校专业知识学得比较扎实，但是还是缺乏实践经验，于是公司决定给她安排会计助理一职。张晓梅觉得凭自己的能力升到会计师不会用太多的时间，于是也就欣然接受了公司的安排。由于这家食品厂正处在发展扩大的阶段，所以工厂大量招入新员工。和张晓梅一同进公司的毕业生很多，其中就包括了张华，她也是新入职的会计助理，所不同的是，她毕业于一个普通院校。

刚进财务部门的时候，她们就遇到了不少困难，像什么审核账目啊，做做加工预算啊。好在部门的其他同事都比较友好，经常在工作中给予她们一些帮助和指导。在平常的工作中，张晓梅总觉得自己毕业于名牌大学，所以她竭尽全力力求做到比其他人都出色。但是除了财务上的工作外，公司其他的一切琐事她都不放在心上。

张华却正好和她的做法相反，虽然也是大学生，但是她在工作中却从来不把自己的学历当一回事，在公司里时常做一些不属于自己职责范围内的事情。就像那些清洁小妹一样，她每天都会帮部门同事整理一些工作资料、为部门的打印机添上打印纸等。张晓梅每次看到她整理这些东西的时候，都会笑着劝她

不要这么勤快，要像自己这样做完工作后就好好地休息休息。对此，张华都是报之一笑。

一年后，公司因为义务关系需要增加一个会计师，这样的好事自然就落到了这些助理的身上。财务部长经过仔细观察，最终决定向公司申请让张华来做这个职务，一星期后，公司的任命书下来了，张华正式成为了一名会计师。

对于这样的结果，张晓梅感到非常委屈，大家一起进的公司，自己毕业的学校是最好的，自己在工作中表现出来的能力也不比张华差，有时甚至是高出她很多，可为什么升职的是她而不是自己呢？

张华在平常的工作中表现出来的职业素养是张晓梅所没有的，所以公司才让这样敬业的人获得了升职的机会。同样的工作时间，同样的工作能力，为什么在别人升职的时候自己还依旧待在原地呢？在抱怨不公平的时候是不是也该好好反思一下别人取得胜利的条件呢？

我们知道良好的职业素养是事业成功的基础，那是不是就应该要去努力地提升自我的素养呢？

过硬的财务基本知识可以看做是电脑的硬件，大部分的财务工作者都可以通过公司的培训，自己的努力学习，或是工作中的实践，来掌握做好财务这个工作所需要的任何知识，并且将这些知识牢牢地记在心里，让自己成为财务工作的一把好手。职业道德和敬业精神则是电脑的软件，财务人员的人生观和价值观决定着它，因此自我素养需要财务人员自己去不断地完善和提高。

每个财务工作人员如果都有不错的专业知识基础，那他可能用不了几年就可以完全掌握一个财务工作者应该具备的职业技能。可是，他却没有办法在短时间内提高自身的职业道德和敬业精神，因为这种提升是需要终生去完成的。

一个财务工作者的专业技能固然很重要，但是要想在财务工作中获得成功，仅仅靠扎实的专业技能是不够的，它还需要你自己的整体素养不断提高，这才能让你从那些知识水平、技术能力相当的人群中脱颖而出。职业素养，很多时候都是通过平常的小事体现出来的，所以，那些聪明的财务人员是不会只想着做大事，而不管细节的。他们知道，工作中的大机会很多都是这些小事带来的。

要成为一个高素质的财务人员，就要把企业当成是自己的，不要想着自己拿多少钱就干多少活，或者干脆还打折扣，报表、预算不好好做，账目不好好对，其实，你这样的态度恰恰阻碍了成功的到来。它让你失去了在职场竞争中立足的根本，失去了主动出击的机会。那些最终走向胜利的财务人员，一定是有敬业精神和职业素养的人，他们不计较自己的得失，不管是多么小的一个数字他们都会认真去对待，公司领导看到这样有系养的员工，也愿意让他们拥有比别人更多的机会。

第十五章　财务管理:做企业财务安全的忠诚卫士

管理,不仅仅是领导的事情,很多时候还与财会人员息息相关,因为财会人员最明白企业与组织的实际发展情况。所以,每一名财务工作者,就应该积极参与相关的管理工作,积极为领导提供有价值的建议和参考信息,并且充分发挥财会工作者的管理职能,从而让自己成为企业财务安全的忠诚卫士。

1 预算管理：做好预算，不让企业浪费每一分钱

所谓的预算管理就是指：财务工作者通过对于企业资金流量的分析，明确企业的资金配置，并且要真实地反映出企业的实际需求，从而为企业管理者提供足够多的参考信息。通俗而言就是，财务工作者将企业内部的管理灵活运用于预算管理的全过程，以此促进所有人都努力地去工作，这也是促使企业效益最大化的坚实基础。

所以，作为一名财务工作者，我们就应该明白：全面预算管理已经成为现代化企业不可或缺的重要管理模式，它是每一名财务工作者工作职责中的重要一部分。

在张玉洁的眼里，作为一名财务工作者，就一定要做好预算管理。因为她清楚地知道，做好预算管理对于企业有着多么重大的意义。因此，作为公司财务部主管的她，在做好公司资金预算方面，一直都非常地认真仔细。

2009年4月，张玉洁的大侄子张晓滨也应聘到了她所在的公司做一名会计。在张晓滨入职的第一天，张玉洁就叮嘱他在工作中一定要认真仔细，尤其是在做预算的时候千万不能出错——预算出错后，就会给管理决策部门提供不准确的信息，最终导致企业决策失误，影响企业的发展。

但是，年轻的张晓滨却将姑姑的话当做耳旁风。在他看来，自己这个有着硕士学历的名牌大学高材生，怎么会不知道这些东西，还需要姑姑这个仅仅有中专生学历的人来提醒自己？

9月的一天,公司和巴西一家企业谈成了一个大项目,为对方提供价值3000多万美元的仪器设备。公司将制造这一批仪器所需的成本预算计划交给了张玉洁负责。在完成这项预算工作的过程中,张玉洁让张晓滨去统计仪器中的一个部件的预算成本,并叮嘱他要仔细认真一些,毕竟这可是一笔数千万美元的大项目。

然而,张晓滨却觉得没有什么。用他的话来说,不就是算算几个螺丝的采购价嘛,需要这么重视吗?再说了,就算错了也不是整个项目都出错了,有多大事儿啊!

于是,宋晓滨便随便做了一下子便交差了。恰好当时张玉洁胆囊炎的老毛病又犯了,也没有顾得上细看就将预算方案交了上去。

结果,令张玉洁和张晓滨都没有想到的是,公司的管理决策部门在拿到这份预算方案的第二天,张玉洁就接到了处分单——张玉洁因为提供的预算方案中出现了重大失误而被降职,成为了部门的副主管。

原来,张晓滨在做预算的过程中,将两种螺丝的价格弄混了,差点导致公司损失数十万元……

从这个案例中我们可以看出:做好预算工作就必须认真仔细,因为每一次预算失误都可能给企业带来巨大的损失。

所以,作为一名财务工作者,我们在进行预算管理的时候,一定要仔细认真,不能因为自己的原因而给企业带来非常大的损失。那么,我们该怎么做才能够做好预算管理呢?

(1)积极参与,提前执行。

古语有云:"凡事预则立,不预则废"。作为一名财务工作者,我们就应该积极地去做好自己的工作,提前做好相关的准备工作,提前执行上级交代下来的任务,以最快的速度做好财务预算,让企业管理者早一点拿到决策信息,从而更好地管理企业。

(2)通过预算工作做好管理中的协调工作,从而让预算管理发挥更大的效用。

每一名财务工作者都应该知道:企业的总预算是由各分预算汇编而

成的，从组织预算编制到预算执行，各相关部门必须协商沟通、相互配合，有利于管理层工作协商一致，制订出更好的计划和执行效果，这也是预算管理的基本目的。

所以，每一名财务工作者在做好预算工作的时候，都应该向企业管理者提供具体业绩展望标准，让所有的人都为这些具体的业绩目标去努力。同时，在执行的过程中积极地与各部门进行协调，让预算工作落实到位，并且激发广大的员工的积极性，有助于企业管理层更好地进行管理工作。

2

保证运营资金的安全是财务管理的重要内容

保证营运资金的安全，这对于每一个财务工作者来说都不是一个新名词，而是他们都应该掌握的一项财务管理手段——保证营运资金的安全，就是对企业最大的负责，也是财务工作者参与到企业管理中的一项重要职责。

可以说，任何一个企业要想维持正常的运转，那么就必须要拥有适量的营运资金。因此，保证营运资金的安全就是每一个财务工作者都应该做好的工作，因为它关系到了企业的生死存亡，而且它也体现出了财务工作的职业水平。

杜宗敏是浙江诸暨市一家私营企业的财务总监，他在这个企业一工作就是十六年。在这十六年里，他一直以保证企业运营资金安全作为自己最大的职责。

1997年8月的一天早晨，杜宗敏刚进办公室没多久就开始发脾气了，原来公司昨天收回来了一笔三万元的运营资金被“打劫”了——总经理的小舅子钱旭峰一大早强行从出纳手里拿走

了这笔款,并且扬言他拿的是自己家里的钱,谁也管不着。

“你怎么不及时给总经理打电话呢?三万块虽说不是很大的一个数目,但是这关系到公司运营资金的安全,现在正是公司生产最忙的季节,不能保证自己运营资金的安全,原材料账款拿什么支付,产品的铺货渠道拿什么维持?作为公司中的一名财务人员,我们一定要积极地参与到公司的管理中,要时刻保证企业运营资金的安全。”

杜宗敏一边狠狠地批评那位出纳,一边赶紧往总经理办公室跑。不巧的是,总经理当天没有来。找不到总经理,杜宗敏赶紧跑去问门房的老大爷,看钱旭峰向着哪个地方跑了……

后来,费了很大劲之后,杜宗敏终于在一家棋牌室找到了总经理的小舅子。原来,这家伙前一天晚上输了很多钱,早上一大早跑到姐夫的公司里拿了钱就去翻本。不过幸运的是,由于杜宗敏赶到得很及时,这笔钱被分文未动地拿了回来。

2008 年 4 月 12 日,杜宗敏刚刚从外省收账回来上班的第一天。他一回到公司就马上检查自己不在的这一个月内,公司的运营资金的流转情况。结果,一个没有经过财务部盖章的借条出现在他的眼前,仔细一看,落款人竟然是总经理的名字。

“这完全不符合公司财务管理制度,总经理怎么能够这样做呢?”

杜宗敏一边发牢骚一边拨通了总经理的电话,很快电话那头就传来了总经理的声音,他说:“老杜啊,我最近炒股票赔了一点钱,担心你嫂子知道了跟我吵架,就私自打了个欠条挪用了一点资金,你别生气了,过几个月等股票涨了就给你补上。”

“您拿钱可以,但是一定要符合公司的财务制度,我这次向你通融了,无疑就是在损害公司的利益,虽然您是老板我是雇员,但是我决不允许您这样做,因为您这样做就是对全公司三百多号人的不负责。”杜宗敏用一点儿都没有商量的口吻说。

“老杜,我知道你是个负责任的人,但是我希望你还是通融一下子,按照公司的财务程序走,你嫂子月底一看账不就全都知道了嘛。”总经理的语气中明显地透露出了不高兴。

“不，我还是坚持我的原则，因为我是一名会计，积极地参与财务管理，保证运营资金的安全是我职责，也是我恪守的职业操守。如果，您不按照公司的财务制度做，我现在就申请辞职！”

……

在杜宗敏的坚持下，总经理最后还是妥协了，并且当天下午就亲自跑到财务部，当着杜宗敏的面办理了还款手续。

现在，杜宗敏已经成为了当地财务工作者的楷模，很多当地的企业老板在对自己公司的财务工作者们讲话时，都会经常提到他……

如果我们不能够像杜宗敏一样做，那么我们绝对就是一个非常不称职的财务工作者。所以，我们在工作中就应该向杜宗敏学习，将保证公司运营资金安全作为自己的最大职责。

实际上，有很多的财务工作者在参与企业管理的过程中，总是认为保证运用资金安全是老板们的事情，自己只需要记好账目并为管理层提供相关的财务数据就可以。毫无疑问，这样的人根本就不适合做财务工作，因为保障公司运营资金安全是每一名财务工作者参与财务管理的重要内容之一。

所以，作为一名财务工作者，应该时时刻刻注意企业运营资金的安全，做企业资金链最忠诚的“守卫者”。

3 管理税务：做好纳税工作，拒绝偷税漏税

对于任何一名财务工作者而言，在参与企业管理工作的过程中，做好税务管理工作是非常重要的一项工作内容——做好纳税工作，拒绝偷税

漏税，这应该是每一名财务工作者都应该有的职业操守。

黎女士是一位经验非常丰富的老会计，从业已经二十多年了。2003年9月16日，她与广东世纪佳典家具有限公司签订了劳动合同，担任该公司财务经理一职，合同为期两年。

然而，在2004年7月28日，黎女士突然接到了公司的辞退书，并且拒绝黎女士走进公司，还扣发了黎女士当月的工资。对于这突然发生的变故，黎女士根本不知道自己做错了什么。

在费了很大一番周折之后，黎女士终于找到了这家公司的负责人汪先生。于是，黎女士向汪先生讨还自己最后一个月的工资，并质问公司为什么无缘无故就将她辞退。

对此，汪先生的解释是，黎女士根本就不是一个合格的会计，她在工作期间没有为公司着想，在缴纳税款的时候根本没有合理避税，导致公司遭受了不必要的损失，为此扣发黎女士一个月的工资，并将其开除出去。

对于汪先生的解释，黎女士表示非常愤怒。在讨薪无门的情况下，黎女士最终一纸诉状将这家公司告上了法庭。结果是，经过法庭的调查审讯之后，黎女士胜诉，这家公司欠她的薪资全部支付，而且还做出了相应的赔偿。

原来，这家公司辞退黎女士并不是因为她没有合理避税，而是因为黎女士拒绝偷税漏税。据黎女士说，她在进入这家公司之后一直工作得很愉快。但是，情况在2004年4月的时候开始出现变化——公司多次遭到所在地的税务部门的检查，有两次税务部门的同志直接找黎女士谈话，询问世纪佳典家具有限公司的纳税情况。

这个时候，黎女士便找到公司负责人汪先生，希望公司开始纳税，因为公司从2003年开创以来，根本就没有缴纳过一分钱的税。当时，黎女士对汪先生说："现在我们公司已经度过了创业之初的艰难时期，从现在起还是按时缴纳税款吧，因为我们公司已经被当地税务局列进了黑名单。"

可是，汪先生一开始还是不愿意缴纳税款。不过，在黎女士的多次坚持之下，公司从5月份开始陆陆续续地缴纳税款，到7

月份的时候总共缴纳了12300多元的税款。就是因为这个，黎女士突然被公司辞退了。

在庭审结束后，记者向黎女士问道："你不是这家公司的负责人，完全可以按照他们的要求去做，干吗一定要缴纳税款，最后让自己被开除呢？"

对于这个问题，黎女士笑着回答道："我是一个会计，合理合法地为公司避税是我应该做的。但是，如果是违背职业道德，去做偷税漏税的事情，那么我绝对不会去做，因为我要做一个有操守的财务工作者。"

对于每一名财务工作者而言，能够做到像黎女士这样的确是非常了不起的。因为，这就是一个合格的财务工作者应该去做的事情，是真正有职业道德的财务工作者才会做出的事情。

实际上，有很多的财务工作者根本就不去拒绝公司要求偷税漏税的做法，因为他们迫于生活的压力，不得不牺牲了自己的职业操守，将税务管理职责放到一边，帮助公司谋取不正当利益。但是，他们往往为此付出了惨重的代价，放弃税务管理的职责去做偷税漏税的事情，肯定会遭受法律的严惩。《刑法》第二百零一条规定："纳税人采取伪造、变造、隐匿、擅自销毁账簿、记账凭证，在账簿上多列支出或者不列、少列收入，经税务机关通知申报而拒不申报或者进行虚假的纳税申报的手段，不缴或者少缴应纳税款，偷税数额占应纳税额的百分之十以上不满百分之三十并且偷税数额在一万元以上不满十万元的，或者因偷税被税务机关给予二次行政处罚又偷税的，处三年以下有期徒刑或者拘役，并处偷税数额一倍以上五倍以下罚金；偷税数额占应纳税额的百分之三十以上并且偷税数额在十万元以上的，处三年以上七年以下有期徒刑，并处偷税数额一倍以上五倍 以下罚金。"

所以，对于每一位财务工作者而言，做好税务管理工作不仅仅是自己职业道德问题，从根本上来说也是一种法律责任。因此，我们要想成为一名优秀的财务工作者，就必须积极地参与税务管理工作，拒绝偷税漏税，不让自己成为企业偷逃税款的帮凶！

4

积极参与企业财务管理是每一名财会人员的天职

在当前这个经济大爆炸时代,每一家企业都希望自己能够抓住机遇快速成长起来,而企业的资金链是否安全就关系到企业是否有实力抓住机遇——财会人员在这个过程中就应该努力地去做好企业财务管理工作,不让企业的资金链出一点问题,从而让企业获得大跨步的发展。

实际上,财会工作是企业管理的基础工作之一,每个财会人员都应在认真做好会计核算工作的同时,积极参与到企业财务管理之中——每一名财会人员都应该明白,专业知识是“术”,积极参与是“道”,既要讲究术更要讲究道,“术”与“道”相互结合,才能够让自己成为一名出色的财会人员。

所以说,积极地参与企业财务管理,这是每一名财会人员的天职。因为,财会人员是企业资金链上的“总把关”,企业资金的流动运营情况与他们密切相关。

那么,财会人员在参与企业财务管理时应该怎么做呢?

(1)核算之时应该严格按照程序。

每一名企业财会人员都应该知道,现在国际上已经建立了一套完整的会计管理系统,而且国家也为此制定了一系列的规章制度。因此,每一名企业财会人员都应该认真学习相关的制度和方法,严格按照相关的财务核算程序进行工作,严格地按照规章制度来发送财务报告、处理财务业务,发现了一些财务管理漏洞时要及时报告,尽自己最大的努力提出符合相关财务制度法规的解决办法。因为,财会工作是保证企业业务合规性的最后一道关口,财会人员一定要为企业守住这道关。

(2)在工作之时一定要做好现场核实。

众所周知,财务工作中的核算管理是一个反映、监督的系统,有许许多多的财会人员总是习惯于坐在办公室中整理单据、核算数据,结果使得工作与企业实际业务出现脱节,也不能够及时地发现企业经营过程中所出现的问题或缺陷。所以说,一个出色的财会人员,在工作时一定会到现场进行核实,同时了解只有将这几个方面都做到位,才能不让企业财务管理工作出现大的问题。所以,财会人员应该勤于走动,积极地到现场了解、核实所处理业务全过程,变被动为主动,事前进行业务规划,不做事后算账的"账房先生"。

(3)一定要善于比较分析。

对于一名财会人员来说,善于分析与比较,写出具体的财务管理分析报告是参与企业管理的一个重要方面,也是财会人员发现企业财务管理问题的重要方法。因为,只有善于分析比较的财会人员才能够提出有用的建议,更好地配合企业管理层进行工作。

(4)在参与企业财务管理工作时一定要有激情。

财会人员往往会在一个岗位上日复一日地重复着相同的工作,工作中的平淡会逐渐消磨掉他们的工作激情,非常容易产生职业倦怠感。尤其是那些经常参与到企业财务管理工作中的人,他们不但工作任务繁重,还有可能会与其他部门的员工产生矛盾。所以,每一名财会人员在参与到企业财务管理工作中的时候,一定要重视自己的岗位职责,多学习相关企业管理知识,并运用自己的学科知识、职业眼光、公正心态为企业管理服务,并时时刻刻注意培养并保持自己的工作激情——只有我们能够年复一年地保持自己的工作激情,我们才能够做好企业的财务管理工作。

附 录

财会人员职业素质检测

一、判断题(每个小题1分)

1.财务工作者的个人才华要比职业精神更加宝贵。

( )√ ( )×

2.为公司恪守商业秘密是每一名财会人员的天职。

( )√ ( )×

3.工作其实只是用来谋生的工具。

( )√ ( )×

4.诚信是一种最有丰厚价值的投资。

( )√ ( )×

5.公平公正是财务工作者追求的终极目标。

( )√ ( )×

6.服从领导是每一名员工的天职。

( )√ ( )×

7.摆正服务的心态,才能更好地服务于他人。

( )√ ( )×

8.敷衍应付的态度会对工作产生严重的危害。

( )√ ( )×

9.只有积极努力地去工作,才能在自己的岗位上收获荣耀。

( )√ ( )×

10.廉洁自律是每一名财务工作者的立身之本。

( )√ ( )×

11.要想成为一名出色的财务工作者,就必须始终坚持不懈地去学习。

(　)√ (　)×

12. 第一次就把事情做对，会让工作变得更加高效。

(　)√ (　)×

13. “差不多心理”是高效执行的头号敌人。

(　)√ (　)×

14. 智慧高于素养，素养高于知识。

(　)√ (　)×

15. 个人素养的高低是职业成败的关键因素。

(　)√ (　)×

二、填空题(每个小题2分)

1. ________对于一名财务工作者来说并不容易，因为这会面临方方面面的压力，一不小心就会得罪人。然而，要想成为一名优秀的财务工作者，成为一名被领导器重的财务工作者，在自己的岗位上做出更多更好的成绩，就要有坚定的意志，威武而不屈，富贵而不淫，坚守住自己的职业操守。

2. 一名财务工作拥有正确的________，也能够让他在工作中做得更好，成为公司同类岗位上最有竞争力和发展潜力的员工。

3. 财务工作人员将________养成一种习惯，将这个好习惯带入自己的工作当中，将自己的能力在工作当中发挥得淋漓尽致，在工作当中展现自己的能力，体现自己的人生价值，同时也会提升自己的竞争资本。

4. ________是财会人员应该遵守的道德规范，是财务工作职业道德的根基所在，是职业道德的重要内容。

5. 财务岗位是一个与经济利益联系十分紧密的岗位，因而财务人员的职业操守和道德，尤其是财务工作的________显得尤为重要。

6. 任何一个________的人都是不负责任的人，尤其是对整天和数据金钱打交道的财务工作者来讲，一丁点的不服从都会导致大的损失，一丁点的不负责任就会让自身遭受惨痛的教训。

7. 身为一名财会人员，要想证明自己热爱本职工作，要想在财务领域打造自身的奇迹，首先就要________。

8. 正确的心态决定工作的成败，财会人员只有________，才会在日常工作中自觉地为服务对象提供高质量的服务工作。

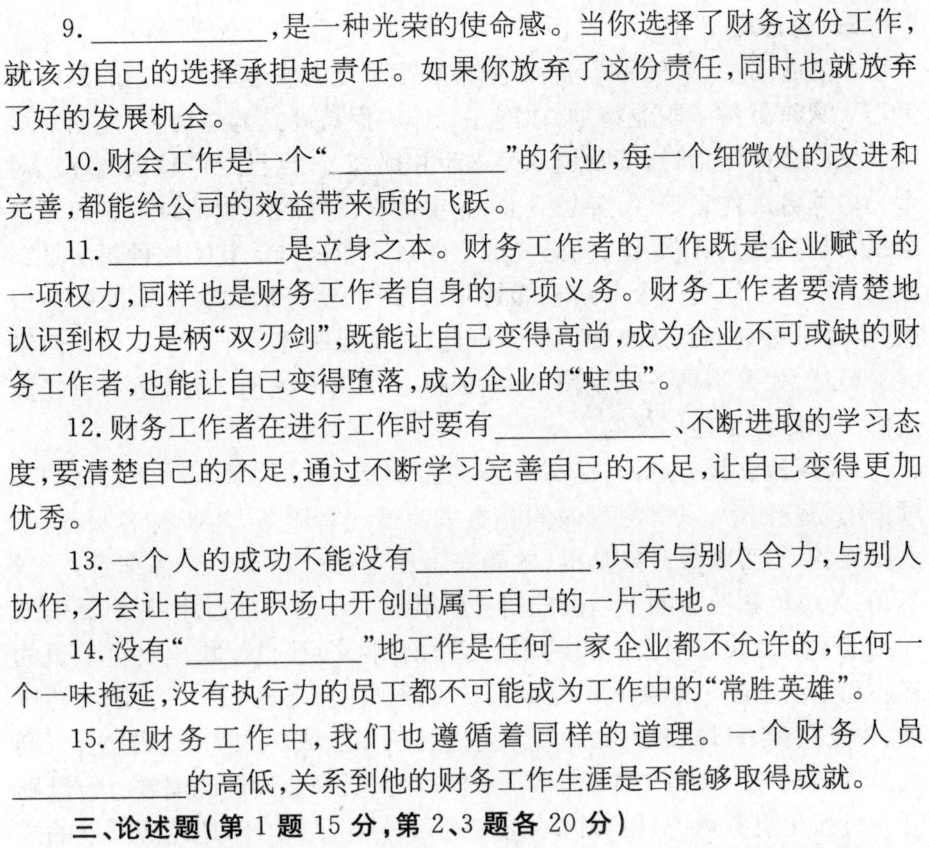

9. ______，是一种光荣的使命感。当你选择了财务这份工作，就该为自己的选择承担起责任。如果你放弃了这份责任，同时也就放弃了好的发展机会。

10. 财会工作是一个“______”的行业，每一个细微处的改进和完善，都能给公司的效益带来质的飞跃。

11. ______是立身之本。财务工作者的工作既是企业赋予的一项权力，同样也是财务工作者自身的一项义务。财务工作者要清楚地认识到权力是柄“双刃剑”，既能让自己变得高尚，成为企业不可或缺的财务工作者，也能让自己变得堕落，成为企业的“蛀虫”。

12. 财务工作者在进行工作时要有______、不断进取的学习态度，要清楚自己的不足，通过不断学习完善自己的不足，让自己变得更加优秀。

13. 一个人的成功不能没有______，只有与别人合力，与别人协作，才会让自己在职场中开创出属于自己的一片天地。

14. 没有“______”地工作是任何一家企业都不允许的，任何一个一味拖延，没有执行力的员工都不可能成为工作中的“常胜英雄”。

15. 在财务工作中，我们也遵循着同样的道理。一个财务人员______的高低，关系到他的财务工作生涯是否能够取得成就。

三、论述题(第1题15分，第2、3题各20分)

1. 为什么说良好的职业精神能让你获得幸运女神的青睐？

2. 服务他人需要真诚的态度吗？

3. 为什么第一次就要把事情做对做好？

【参考答案】

一、选择题

1.(×)2.(√)3.(×)4.(√)5.(√)6.(√)7.(√)8.(√)9.(√)10.(√)11.(√)12.(√)13.(√)14.(×)15.(√)

二、填空题

1. 坚守信仰 2. 核心价值观 3. 敬业的精神 4. 诚实守信 5. 公平公正性 6. 不懂得服从 7. 学会服从 8. 摆正服务心态 9. 责任心 10. 斤斤计较 11. 廉洁自律 12. 永不满足 13. 团队精神 14. 执行 15. 素养

三、论述题

1.答:无论从事何种职业,职业精神都是让人快速取得成功的最有力武器。只有具备了职业精神,才能在工作中保持高亢的热情,才能面对接踵而来的工作压力时,不断地取得进步和提高,让自己变得越来越好。对于一名财务工作者来说,要想立业,先要拥有良好的职业精神。有人也许会说,只是一份工作而已,何必要扯上什么职业精神。其实这种想法是错误的。财务工作是一个非常枯燥繁重的工作,要长期面对厚厚的财务报表,要每时每刻都去认真细致地分析计算,还要保证工作中不犯下任何错误。显然,如果不具备职业精神,不去打心里热爱这份工作,是不可能把这份工作做到尽善尽美的。

2.答:建立服务意识,提高服务质量,这是新时代赋予财会人员的一项新的职业使命,只有用真诚的心态去为管理者服务,为所有者服务,为人民服务,不管服务对象是谁,才能在工作中每个环节中严谨细致,一丝不苟,为单位和社会的发展做出自己的贡献。从另一个方面说,真诚的工作态度不仅反映出财会人员的职业道德水平,而且也反映出财会人员的素质和生活态度。财会人员只有具备了强烈的服务意识和优良的服务质量,才能在竞争日益激烈的环境中奠定自己事业成功的基础。总之,财会人员真诚服务不仅是工作的需要更是财会人员事业发展的需要,因此,财会人员强化服务意识,用真诚的态度进行各项服务工作是经济发展的需要,是所在单位企业发展的需要,更是财会人员职业发展的需要。

3.答:第一次就把事情做对是每一家企业领导期盼的,也是每一名员工工作的时候应该做到的。但是,作为一名财务工作者,我们经常发现这样的情况,有的财会人员工作的过程中敷衍了事,心不在焉;有的财会人员白天"大体"工作,忽视工作中的细节错误,晚上检查工作,最后却因为没有时间而搁浅。这些做法最后都会对自身和企业造成一定的影响。要知道,财务工作者每天都有新的工作,每天都要和密密麻麻的数据打交道,如果不能第一次就把事情做对,就会在工作中出现很多问题,比如将"预付"和"预收"混为一谈,将小数点点错地方等。所以说,要想成为一名成功的会计师,就要严格要求自己第一次就将事情做对,不要让自己的"盲"导致最后的失败,更不要等到发现错误的时候再花费更多的时间去改正错误——工作中出现的很多错误是没有办法改正的,再者,在改正错

误的时候还会滋生新的错误。

财会人员道德水平自测

一、选择题(每个小题 1 分)

1. 职业精神是每一名财会人员的金字招牌。

( )√ ( )×

2. 知道为了什么而工作,才能真正把财务工作做好。

( )√ ( )×

3. 成功源自于爱岗敬业的态度。

( )√ ( )×

4. 乐在工作是把工作做好的重要前提。

( )√ ( )×

5. 诚信是财会人员必不可少的职业道德。

( )√ ( )×

6. 公司的利益永远都要大于社会利益。

( )√ ( )×

7. 财会人员应该把服从领导看作是自己的一种责任。

( )√ ( )×

8. 疏忽工作细节会影响工作,但也不是什么严重的问题。

( )√ ( )×

9. 服务到位不到位没关系,关键是要将服务落实在行动之中。

( )√ ( )×

10. 对工作有一种精益求精的态度,才能打造出最完美的工作。

( )√ ( )×

11. “准则之上,清白做人”是财会人员应该毕生坚守的原则。

( )√ ( )×

12. 永不满足,才能不断进步,不断提高。

( )√ ( )×

13. 把个人完美地融入到工作之中，才能最大程度开发出自身潜力。
(　)√ (　)×
14. 时间管理其实对提升工作效率没有显著的作用。
(　)√ (　)×
15. 大机会，往往从有素养的小处降临。
(　)√ (　)×

二、简答题(每个小题 15 分)

1. 财务工作者怎样在工作中树立自己的核心价值观?
2. 如何才能在财务工作中始终保持公平公正的作风?

三、论述题(第 1 题 15 分，第 2、3 题各 20 分)

1. 为什么说乐业是能力提升的原动力?
2. 不注重工作细节，会让财会人员的工作变得一团糟吗?
3. 为什么说缺乏团队合作就等于是自断筋脉?

【参考答案】

一、选择题

1. (√)2. (√)3. (√)4. (√)5. (√)6. (×)7. (√)8. (×)9. (×)10. (√)11. (√)12. (√)13. (√)14. (×)15. (√)

二、简答题

1. 答:(1)要树立自己的核心价值观，首先就必须明白价值观的作用。

我们作为一名财务工作者，就一定要明白什么是价值观——价值观是人们关于事物价值的看法、观念和根本观点，是潜在的信念。那么，价值观的作用又是什么呢?答案是，价值观是我们在日常工作中所有行动的出发点，也是我们做出判断和行动的依据。

(2)要树立自己的核心价值观，就应该正视自己的职责。

世界著名财务专家昂赛尔木说过:“只要你站在了财会这个行业之中，那么你就应该明白自己接到了上帝多么重要的委托，不是要我们每一个人都成为神的使者，而是要我们知道自己该怎么去处理账单，该如何做才能够让所有的一切都完美运行，清楚认真地履行自己的职责。”

(3)要树立自己的核心价值观，就应该遵守职业道德要求。

和所有职业一样，财务人员也有职业道德要求。所谓职业道德，即是与人们的职业活动紧密联系的符合职业特点所要求的道德准则、道德情操与道德品质的总和。对于每一名财务工作者而言，遵守职业道德要求，一要尽自己最大的努力去工作，做好自己工作责任内的一切工作。简单地说，就要对得起自己拿的薪水，做一名企业最信任的财务工作者。

2. 答：(1)遵纪守法，依法办事。依法办事是财会人员保持公平公正的前提条件。当财会人员的工作陷入利益冲突或者面对复杂的经济业务时，熟悉掌握国家有关规定和各项职业守则的内容，并依照这些法规和守则作出相应的行为，才能维护财会工作的公平公正。

(2)实事求是，不藏私心。财会人员在工作中尤其在进行职业判断的时候会涉及到多方的利益，在处理复杂关系时，不能采取模糊不清的态度和方式来息事宁人，一定要勇敢公正地面对利益各方，保持公平的态度。

(3)保持独立、清醒的判断。财务人员直接参与单位的资金管理，所以对资金有一定的操控权。因此要时刻保持独立清醒的判断力，杜绝日常工作中的疏忽，避免为违法人员制造可乘之机。同时，财会人员在面对经济利益的诱惑时，也应该保持冷静、理智的心态，加固自己的心理防线，维护财会工作的公平公正。

三、论述题

1. 答：财会的工作是一个要求非常严格且枯燥的工作，因此我们常常会产生或多或少的负面情绪，这些负面情绪如果没有及时加以控制将会对自己造成危害，就会对自己的工作失去兴趣，也就失去了前进的动力。如果最初感觉自己在公司当中总是做一些非常简单的工作从而埋没了自己，对自己的工作满腹牢骚，那么，听一听公司的老员工介绍了自己的亲身经历有利于你明白了“爱岗敬业”的道理，从此以公司的老员工为榜样，热爱自己每一份工作，在快乐的工作中不断给自己前进的动力。

2. 答：面对工作中的那些细节，绝对不能随随便便地对待。细节也是自己的责任。财会人员在平时就要对自己严格要求，端正对所谓的“小事”的态度，对那些“可有可无”的细节“做了比没做好”，更不能故意偷懒、耍小聪明。如果对工作细节不重视，甚至怠慢、敷衍，它就可能会在你意想不到的时候给予反击，导致你的工作“满盘皆输”。

3. 答：一个有协作精神的财务人员，才能真正承担起自己的责任，也才能把自己的工作真正做好。如果因为自己的专业水平十分突出就产生骄傲的情绪,认为这个报表或者这个账目没有了自己就一定不会做好,就会在不知不觉中脱离团队,从而远离成功。你要知道,虽然你是在某一项工作中有比别人更强的素质,可是这并不代表离开了你,工作就进行不下去了。世界上少了谁都是一样的,那些曾经叱咤风云的人物都有成为历史的一天,更何况我们呢?

管理大师罗伯特·凯利曾说:企业的成功靠的是团队,而不是个人。运用到财务工作上也是一样的,这样一个十分繁琐和枯燥的工作,可以说任何一个人都不能去独立地完成它,任何一个人也都不可能具备这样全面的知识。身处财务工作中的每一个人,只能是在自己一定的专业基础上依靠他人的智慧、团队的力量,才能让自己立足于财务这样一项工作中。

励志人生

职场励志格言

1. 人格的完善是本，财富的确立是末。

2. 没有天生的信心，只有不断培养的信心。

3. 人性最可怜的就是：我们总是梦想着天边的一座奇妙的玫瑰园，而不去欣赏今天就开在我们窗口的玫瑰。

4. 失败是什么？没有什么，只是更走近成功一步；成功是什么？就是走过了所有通向失败的路，只剩下一条路，那就是成功的路。

5. 再长的路，一步步也能走完；再短的路，不迈开双脚也无法到达。

6. 任何业绩的质变都来自于量变的积累。

7. 成功不是将来才有的，而是从决定去做的那一刻起，持续累积而成。

8. 生气是拿别人做错的事来惩罚自己。

9. 明天的希望，让我们忘了今天的痛苦。

10. 获得幸福的不二法宝是珍视你所拥有的、遗忘你所没有的。

11. 你可以用爱得到全世界，你也可以用恨失去全世界。

12. 不论你在什么时候开始，重要的是开始之后就不要停止；不论你在什么时候结束，重要的是结束之后就不要悔恨。

13. 有理想在的地方，地狱就是天堂；有希望在的地方，痛苦也成欢乐。

14. 上帝从不埋怨人们的愚昧，人们却埋怨上帝的不公平。

15. 人生重要的不是所站的位置，而是所朝的方向。

16. 人总是珍惜未得到的，而遗忘了所拥有的。

17. 一个今天胜过两个明天。

18. 要铭记在心：每天都是一年中最美好的日子。

19. 乐观者在灾祸中看到机会；悲观者在机会中看到灾祸。

20. 人生最大的错误是不断担心会犯错。

21. 把你的脸迎向阳光，那就不会有阴影。

22. 经验是由痛苦中粹取出来的。

23. 用最少的悔恨面对过去，用最少的浪费面对现在，用最多的梦面对未来。

24. 要纠正别人之前，先反省自己有没有犯错。

25. 因害怕失败而不敢放手一搏，永远不会成功。

26. 要克服生活的焦虑和沮丧，得先学会做自己的主人。

27. 你不能左右天气，但你能转变你的心情。

28. 孤单寂寞与被遗弃感是最可怕的贫穷。

29. 得意时应善待他人，因为你失意时会需要他们。

30. 世界上有两种人：索取者和给予者。前者也许能吃得更好，但后者绝对能睡得更香。

31. 凡事第一反应：找方法，而不是找借口。